westermann

Michael Sieber

Prüfungstraining kompakt

Einzelhandel

1. Auflage 2020

Bestellnummer 27544

Die in diesem Produkt gemachten Angaben zu Unternehmen (Namen, Internet- und E-Mail-Adressen, Handelsregistereintragungen, Bankverbindungen, Steuer-, Telefon- und Faxnummern und alle weiteren Angaben) sind i. d. R. fiktiv, d. h., sie stehen in keinem Zusammenhang mit einem real existierenden Unternehmen in der dargestellten oder einer ähnlichen Form. Dies gilt auch für alle Kunden, Lieferanten und sonstigen Geschäftspartner der Unternehmen wie z. B. Kreditinstitute, Versicherungsunternehmen und andere Dienstleistungsunternehmen. Ausschließlich zum Zwecke der Authentizität werden die Namen real existierender Unternehmen und z. B. im Fall von Kreditinstituten auch deren IBANs und BICs verwendet.

service@westermann.de
www.westermann.de

Bildungshaus Schulbuchverlage Westermann Schroedel Diesterweg Schöningh Winklers GmbH, Postfach 33 20, 38023 Braunschweig

ISBN 978-3-427-**27544**-2

westermann GRUPPE

Vorwort

Die gestiegenen Anforderungen der Arbeitswelt spiegeln sich immer häufiger in den Prüfungsanforderungen wider. Neben einem fundierten Fachwissen werden verstärkt Fähigkeiten zum „selbständigen Denken und Handeln“ verlangt. Zielsetzung der Handlungsorientierung ist die Förderung der beruflichen Handlungskompetenz, d. h. das Durchdringen komplexer Aufgabenstellungen. Das vorliegende Buch bietet für die Ausbildungsberufe „Verkäufer/Verkäuferin“ und „Kaufmann/-frau im Einzelhandel“ eine **zielgerichtete Vorbereitung auf die Prüfungsinhalte und die Fragetechniken der Abschlussprüfung**. Es entspricht der aktuellen Prüfungsordnung und basiert auf dem neuen Prüfungskatalog für Verkäuferinnen und Verkäufer bzw. Kaufleute im Einzelhandel.

Die Abschlussprüfung im Ausbildungsberuf Kaufmann/Kauffrau im Einzelhandel besteht aus zwei Teilen („gestreckte Abschlussprüfung“). Teil 1 wird schriftlich am Ende des 2. Ausbildungsjahres in den Prüfungsfächern „Verkauf und Werbemaßnahmen“, „Warenwirtschaft und Kalkulation“ und Wirtschafts- und Sozialkunde“ durchgeführt. Inhalte und Aufgabenstellungen sind identisch mit der zeitgleich geprüften Abschlussprüfung des Ausbildungsberufes Verkäufer/-in. Damit gilt die Abschlussprüfung für Verkäufer/-innen bei Fortsetzung der Ausbildung im Beruf Kaufmann/-frau im Einzelhandel als 1. Teil der Abschlussprüfung. Teil 2 wird am Ende der Ausbildung schriftlich im Prüfungsfach „Geschäftsprozesse im Einzelhandel“ und mündlich im fallbezogenen Fachgespräch durchgeführt.

Alle Prüfungsthemen der vier Prüfungsfächer ***„Verkauf und Marketing“, „Wirtschafts- und Sozialkunde“, „Warenwirtschaft und Rechnungswesen“*** sowie ***„Geschäftsprozesse im Einzelhandel“*** werden trainiert. Wie auch in den Kammerprüfungen liegt allen Aufgaben ein **Modellunternehmen** zugrunde, auf das sich der größte Teil der Aufgaben bezieht. Es handelt sich hier um das **Warenhaus MCC (Main City Center) GmbH** mit Sitz in Bayreuth.

Die Reihe „Prüfungstraining kompakt" stellt **die ideale Ergänzung der** seit vielen Jahren erfolgreichen Reihe **„Prüfungswissen kompakt"** dar. Während im Titel „Prüfungswissen kompakt" die Prüfungsinhalte in sehr kompakter Form dargestellt werden, finden Sie in diesem Buch die passenden Aufgaben zu den Inhalten. Die relevanten Seiten zu den einzelnen Themenfeldern werden im Kapitel „Prüfungsmodalitäten" ausgewiesen. Dadurch wird Ihnen das parallele Arbeiten mit beiden Büchern erleichtert und eine **effiziente Prüfungsvorbereitung** ermöglicht. Natürlich kann Ihnen dieses Buch auch bei der **Vorbereitung auf die Leistungsnachweise in der Berufsschule** eine wertvolle Unterstützung sein. Ein **ausführliches Sachwortverzeichnis** hilft beim schnellen Auffinden von Aufgaben zu speziellen Einzelthemen.

Verfasser und Verlag wünschen Ihnen nicht nur viel Freude und Erfolg beim Arbeiten mit diesem Buch, sondern auch die gewünschten Prüfungsergebnisse!

Bayreuth, im Mai 2020 Michael Sieber

Inhaltsverzeichnis

PRÜFUNGSMODALITÄTEN

1. Gesamtüberblick

Ausbildungsberuf Verkäufer/Verkäuferin

Prüfungsfach	Dauer	Gewichtung
Wirtschafts- und Sozialkunde	60 Minuten	10 %
Verkauf und Werbemaßnahmen	90 Minuten	25 %
Warenwirtschaft und Kalkulation	60 Minuten	15 %
Mündliche Prüfung („Fachgespräch in der Wahlqualifikation“)	20 Minuten (15 Minuten Vorbereitungszeit)	50 %

Ausbildungsberuf Kaufmann/Kauffrau im Einzelhandel

Prüfungsfach	Dauer	Gewichtung
Wirtschafts- und Sozialkunde	60 Minuten	10 %
Verkauf und Werbemaßnahmen	90 Minuten	15 %
Warenwirtschaft und Kalkulation	60 Minuten	10 %
Geschäftsprozesse im Einzelhandel	120 Minuten	25 %
Mündliche Prüfung („Fachgespräch in der Wahlqualifikation“)	20 Minuten (15 Minuten Vorbereitungszeit)	50 %

Prüfungsmodalitaten

Teil 1 der gestreckten Abschlussprüfung für Einzelhandelskaufleute (entspricht der Abschlussprüfung für Verkäufer) am Ende des 2. Ausbildungsjahres

Prüfungsfach	Dauer (in Min.)	Aufgabentyp	Inhalte
Verkauf und Werbemaßnahmen	90	ungebunden (offene Fragen)	B 1 Arbeitsmethoden B 2 Warensortiment B 3 Beratung und Verkauf B 4 Servicebereich Kasse B 5 Einflussfaktoren auf die Warenpräsentation B 6 Onlinehandel B 7 Kundenservice D 4 Absatz
Warenwirtschaft und Kalkulation	60	gebunden (Multiple Choice)	B 4 Servicebereich Kasse C 1 Warenwirtschaft und Warenwirtschaftssystem C 2 Wareneingang C 3 Warenlagerung D 3 Beschaffung E 1 Aufgaben und Teilbereiche des E 2 Kaufmännisches Rechnen E 3 Kostenrechnung/ Kalkulation
Wirtschafts- und Sozialkunde	60	gebunden (Multiple Choice)	A 1 Wirtschaftliche Grundbegriffe A 2 Rechtliche Rahmenbedingungen A 3 Menschliche Arbeit im Betrieb A 4 Arbeitssicherheit und Umweltschutz D 5 Personalwirtschaft

Teil 2 der gestreckten Abschlussprüfung für Kaufleute im Einzelhandel am Ende der Ausbildung

Prüfungsfach	Dauer (in Min.)	Aufgabentyp	Inhalte
Geschäfts-prozesse im Einzelhandel	120	ungebunden (offene Fragen)	A 2 Rechtliche Rahmenbedingungen des Wirtschaftens B 6 Onlinehandel C 1 Warenwirtschaft und Warenwirtschaftssystem C 2 Wareneingang C 3 Warenlagerung D 1 Stellung, Aufgaben und Leistungen des Einzelhandels D 2 Organisation D 3 Beschaffung D 4 Absatz D 5 Personalwirtschaft D 6 Investition und Finanzierung E 1 Aufgaben und Teilbereiche des Rechnungswesens E 3 Kostenrechnung/ Kalkulation E 4 Buchführung E 5 Statistik E 6 Controlling
mündliche Prüfung (15 Min. Vorbereitungszeit, 20 Minuten Prüfungsgespräch)	20	branchen-bezogenes Fachgespräch	auf der Grundlage einer ausgewählten Wahlqualifikationseinheit, Warengruppen werden berücksichtigt

2. Prüfungsfach „Wirtschafts- und Sozialkunde“

Im Prüfungsbereich Wirtschafts- und Sozialkunde sollen die Prüfling in einer 60-minütigen schriftlichen Prüfung zeigen, dass er wirtschaftliche und gesellschaftliche Zusammenhänge der Arbeitswelt darstellen können.

Der typische Prüfungsaufbau besteht aus vier Themenbereichen, die in unterschiedlichem Umfang abgeprüft werden.

Inhalte/Themengebiete		Anteile in %	Relevante Kapitel in „Prüfungswissen kompakt“
A.	Volkswirtschaftliche Grundlagen	15	Kap. A.1
B.	Rechtliche Rahmenbedingungen des Wirtschaftens	35	Kap. A.2
C.	Menschliche Arbeit im Betrieb	35	Kap. A.3
D.	Arbeitssicherheit und Umweltschutz	15	Kap. A.4

A. Volkswirtschaftliche Grundlagen
- Notwendigkeit des Wirtschaftens, wirtschaftliche Grundbegriffe
- Ziele erwerbswirtschaftlicher Betriebe
- Wirtschaftskreislauf
- Begriff und Funktion des Marktes

B. Rechtliche Rahmenbedingungen des Wirtschaftens
- Rechtliche Grundlagen, Rechtsgeschäfte
- Kaufvertragsrecht

C. Menschliche Arbeit im Betrieb
- Organisation des Ausbildungsbetriebes
- Personalwesen
- Arbeitsrecht
- Sozialversicherungen
- Mitwirkung und Mitbestimmung der Arbeitnehmer

D. Arbeitssicherheit, Umweltschutz
- Sicherheit und Gesundheitsschutz bei der Arbeit
- Umweltschutz

Quelle: *In Anlehnung an den Prüfungskatalog für die IHK-Abschlussprüfung, 1. Auflage 2018.*

3. Prüfungsfach „Verkauf und Werbemaßnahmen“

Die Prüfung im Prüfungsfach „Verkauf und Werbemaßnahmen“ dauert 90 Minuten. Laut dem Prüfungskatalog der IHK sollen die Prüflinge in dieser Prüfung nachweisen, dass sie in der Lage sind, Aufgaben selbstständig zu planen, durchzuführen und zu kontrollieren. Man spricht in diesem Zusammenhang von der beruflichen Handlungskompetenz.

Der typische Prüfungsaufbau besteht aus vier Themenfeldern (A bis D), die in unterschiedlichem Umfang abgeprüft werden. Der Themenbereich „Kommunikation und Kooperation“ wird in die Themenfelder A bis D integriert.

Inhalte/Themengebiete	Anteile in %	Relevante Kapitel in „Prüfungswissen kompakt“
A. Warensortiment	15	Kap. B.2
B. Warenpräsentation und Werbemaßnahmen	25	Kap. B.5; Kap. B.6; Kap. D.4
C. Beratung und Verkauf	35	Kap. B.3
D. Servicebereich Kasse	25	Kap. B.4
Information und Kommunikation	integrativ	Kap. A.1

A. Warensortiment
- Sortimentsstruktur, -aufbau, -umfang, -struktur und -gestaltung
- Quellen für Produktinformationen
- Verkaufsformen
- Warenkennzeichnung
- Handelsmarken und Herstellermarken

B. Warenpräsentation und Werbemaßnahmen
- Grundlagen der Werbung
- Warenpräsentation
- Onlinehandel
- Preisgestaltung und Preisauszeichnung

C. Beratung und Verkauf von Waren
- Kunden- und dienstleistungsorientiertes Verhalten
- Verkaufsfördernde Kommunikation mit Kunden
- Beschwerde und Reklamation

D. Servicebereich Kasse
  - Kassieren
  - Zahlungsverkehr
  - Kundenorientiertes Verhalten im Kassenbereich
  - Kassenabrechnung

Quelle: *In Anlehnung an den Prüfungskatalog für die IHK-Abschlussprüfung, 1. Auflage 2018*

4. Prüfungsfach „Warenwirtschaft und Kalkulation"

Im Prüfungsbereich „Warenwirtschaft und Kalkulation" sollen die Prüfling in einer 60-minütigen schriftlichen Prüfung praxisbezogene Aufgaben oder Fälle insbesondere aus den Gebieten Warenannahme und -lagerung, Bestandsführung und -kontrolle, rechnerische Geschäftsvorgänge und Kalkulation schriftlich bearbeiten. Sie sollen dabei zeigen, dass sie Zusammenhänge dieser Gebiete erkennen, Aufgaben der Steuerung und Kontrolle der Warenbewegungen durchführen und verkaufsbezogene Rechenvorgänge bearbeiten können.

Der typische Prüfungsaufbau besteht aus zwei Themenbereichen, die jeweils in etwa in hälftigem Umfang abgeprüft werden.

Inhalte/Themengebiete	Anteile in %	Relevante Kapitel in „Prüfungswissen kompakt"
A. Warenwirtschaft	ca. 50	Kap. C.1–C.3
B. Preiskalkulation, Grundlagen des Rechnungswesens	ca. 50	Kap. E.1–E.6
Information und Kommunikation	integrativ	Kap. B.1

A. Warenwirtschaft
  - Grundlagen der Warenwirtschaft
  - Bestandskontrolle, Inventur
  - Wareneingang, Warenlagerung

B. Preiskalkulation, Grundlagen des Rechnungswesens
   - Rechenvorgänge in der Praxis
   - Kalkulation

Quelle: *In Anlehnung an den Prüfungskatalog für die IHK-Abschlussprüfung, 1. Auflage 2018.*

5. Prüfungsfach „Geschäftsprozesse im Einzelhandel“

Im Prüfungsfach „Geschäftsprozesse im Einzelhandel“ sollen die Prüflinge in einer 120-minütigen schriftlichen Prüfung praxisbezogene Aufgaben und Fälle bearbeiten. Dabei sollen sie zeigen, dass sie fachliche, wirtschaftliche und soziale Zusammenhänge bezogen auf Kernprozesse des Einzelhandels, von Einkauf und Sortimentsgestaltung über logistische Prozesse bis zum Verkauf sowie Unterstützungssysteme wie Rechnungswesen, Personalwirtschaft, Marketing und IT-Anwendung verstehen. Darüber hinaus sollen sie Sachverhalte analysieren sowie Lösungsmöglichkeiten zu Aufgabenstellungen entwickeln können.

Der typische Prüfungsaufbau besteht aus vier Themenbereichen, die in unterschiedlichem Umfang abgeprüft werden.

Inhalte/Themengebiete	Anteile in %	Relevante Kapitel in „Prüfungswissen kompakt“
A Aufgaben, Organisation und Leistungen; Optimierungsmöglichkeiten an den Schnittstellen	ca. 30	Kap. A.2, D.1 und D.2
B Kernprozesse und unterstützende Prozesse des Einzelhandels	ca. 40	Kap. C.1–C.3, Kap. D.3–D.6
C Aufgaben des Controllings	ca. 15	Kap. E.5 – E.6
D Qualitätssichernde Maßnahmen; Nachhaltigkeit	ca. 15	Kap. A.4.2

A. Aufgaben, Organisation und Leistungen; Optimierungsmöglichkeiten an den Schnittstellen
   - Aufgaben, Organisation und Leistungen eines Einzelhandelsbetriebes
   - Kaufmannsrecht, Firmenrecht, Rechtsformen, Vollmachten
   - Zahlungs- und Kreditmöglichkeiten
   - Kaufvertragsstörungen
   - Kaufmännisches und gerichtliches Mahnverfahren

B. Kernprozesse und unterstützende Prozesse des Einzelhandels
   - Einkauf
   - Sortimentsgestaltung
   - Logistische Prozesse und Verkauf
   - Rechnungswesen
   - Personalwirtschaft
   - Absatz/Marketing
   - IT-Anwendungen und warenwirtschaftliche Analysen

C. Aufgaben des Controllings
   - Kennzahlen in der Warenwirtschaft
   - Bilanz- und Rentabilitätskennzahlen

D. Qualitätssichernde Maßnahmen; Nachhaltigkeit
   - Steuerung und Kontrolle im Lager
   - Steuerung und Kontrolle im Warenfluss
   - Betriebswirtschaftliche Zusammenhänge und Aspekte der Nachhaltigkeit

Quelle: *In Anlehnung an den Prüfungskatalog für die IHK-Abschlussprüfung, 1. Auflage 2018*

6. Unternehmensbeschreibung

Sie sind Mitarbeiterin/Mitarbeiter im Warenhaus MCC GmbH.

Name	MCC (Main City Center) GmbH
Geschäftssitz	Am roten Main 24 95444 Bayreuth
Handelsregister	Bayreuth HBR
Umsatzsteueridentnummer	DE171614345
Betriebsform	Warenhaus mit Vollsortiment
Mitarbeiter	89, davon 10 Auszubildende
Geschäftsführer	Hans Meyer
Bankverbindung	Sparkasse Bayreuth IBAN: DE94 7735 0110 0098 7654 32 BIC: BYLADEM1SBT

A

WIRTSCHAFTS- UND SOZIALKUNDE

1. Volkswirtschaftliche Grundlagen

Aufgabe 1

Worin besteht u. a. die gesamtwirtschaftliche Aufgabe von Einzelhandelsbetrieben?

(1) Veredelung und Weiterverarbeitung von Rohstoffen
(2) Indirekte Lenkung der Warenproduktion
(3) Planung und Organisation der Produktion von Gütern
(4) Steuerung der Produktionsverfahren der Hersteller
(5) Kostengünstige Produktion von Lebensmitteln

Aufgabe 2

Welches ist die Hauptaufgabe von Einzelhandelsbetrieben wie der MCC GmbH in der Gesamtwirtschaft?

(1) Veredelung von Vorprodukten
(2) Import von Rohstoffen und anschließende Weiterverarbeitung
(3) Zusammenstellung und Pflege eines breiten Sortiments zur Bedienung der Kunden
(4) Weiterverarbeitung von angelieferten Produkten
(5) Finanzierung von Konsumwünschen der Kunden

Aufgabe 3

Welche Unternehmenszielsetzung entspricht dem erwerbswirtschaftlichen Prinzip?

(1) Der größtmögliche Umsatz soll angestrebt werden.
(2) Der größtmögliche Absatz soll angestrebt werden.
(3) Der größtmögliche Gewinn soll angestrebt werden.
(4) Das größtmögliche Marktvolumen soll angestrebt werden.
(5) Der größtmögliche Beschäftigungsstand soll angestrebt werden.

Aufgabe 4

In der Volkswirtschaftslehre wird zwischen Bedürfnissen und Bedarf unterschieden. Welche Aussage ist zutreffend?

(1) Jeder Bedarf löst ein Bedürfnis aus.
(2) Jedes Bedürfnis löst einen Bedarf aus.
(3) Bedürfnisse sind die Mangelempfindungen der Menschen, Bedarf die mit Kaufkraft versehenen Bedürfnisse.
(4) Ein Bedürfnis ist der Wunsch des Kunden, ein Konsumgut zu besitzen. Bei Investitionsgütern spricht man von einem Bedarf.
(5) Bedürfnisse erstrecken sich auf Kultur- und Luxusgüter, der Bedarf bezieht sich nur auf die lebensnotwendigen Güter.

Aufgabe 5

Was versteht man unter einem Konsumgut?

(1) Alle Güter, die bei ihrer Nutzung verbraucht werden, z. B. Lebensmittel, Getränke.
(2) Alle Güter, die man dauerhaft nutzt, z. B. Küchenmaschinen, Möbel.
(3) Alle Güter, die von jedermann käuflich erworben werden können.
(4) Alle Güter, die vom Endkonsumenten gebraucht oder verbraucht werden.
(5) Alle Güter, die der Kunde im Lebensmitteleinzelhandel kauft.

Aufgabe 6

In welchem der folgenden Beispiele wird das angegebene Gut als Produktionsgut (Investitionsgut) verwendet?

(1) In den Büroräumen der MCC GmbH wird aufgrund des runden Geburtstages eines Kollegen eine Flasche Sekt getrunken.
(2) Ein Maschinenbauunternehmen kauft sich eine neue Spezialmaschine für die Maschinenherstellung.
(3) Ein Mitarbeiter kauft sich einen Pkw, um in Zukunft damit zur Arbeit fahren zu können.
(4) In der Mittagspause bestellen sich einige Mitarbeiter eine Pizza.
(5) Ein Auszubildender kauft sich einen Schreibtisch für seine Wohnung.

Aufgabe 7

In welchem Fall handelt das Warenhaus MCC nach dem Minimalprinzip?

(1) Herr Müller bestellt 50 Spülmaschinen beim preisgünstigsten Lieferanten, den er durch einen Angebotsvergleich ermittelt hat.
(2) Herr Müller bestellt die qualitativ hochwertigsten Spülmaschinen. Da sein Einkaufsbudget nicht für 50 Geräte ausreicht, bestellt er nur 30.
(3) Herr Müller mietet zusätzlichen Lagerraum an, um durch größere Abnahmemengen günstigere Konditionen erzielen zu können und unabhängiger von Lieferanten zu werden.
(4) Herr Müller stellt zwei neue Verkäufer für die Elektroabteilung ein, um den Absatz zu steigern.
(5) Herr Müller organisiert einen Betriebsausflug, um dadurch die Motivation der Mitarbeiter zu erhöhen.

Aufgabe 8

Im Wirtschaftskreislauf wird zwischen Geldströmen und Güterströmen unterschieden. Welches der folgenden Beispiele stellt einen Geldstrom dar?

(1) Das Warenhaus MCC nimmt eine Warenlieferung von Kaffeemaschinen nicht an, da es sich um eine Falschlieferung handelt.
(2) Das Warenhaus MCC reklamiert Mängel an gelieferten Kaffeemaschinen.
(3) Das Warenhaus MCC nimmt eine Warenlieferung mit Kaffeemaschinen an.
(4) Das Warenhaus MCC überweist eine offene Rechnung für gelieferte Kaffeemaschinen unter Abzug von Skonto.
(5) Ein Verkäufer des Warenhauses MCC rät einem Kunden zum Kauf einer bestimmten Kaffeemaschine.

Aufgabe 9

Welche der folgenden Aussagen zu den Geld- und Güterströmen im einfachen Wirtschaftskreislauf ist richtig?

(1) Staatliche Sozialleistungen fließen von den Banken zu den Haushalten.
(2) Güter fließen von den Haushalten zu den Unternehmen.
(3) Einkommen fließen von den Haushalten zu den Banken.
(4) Löhne und Gehälter fließen von den Unternehmen zu den Haushalten.
(5) Subventionen fließen von den Banken zum Staat.

Aufgabe 10

Ordnen Sie zu, indem Sie die Kennziffern von drei der insgesamt acht Tätigkeiten in die Kästchen neben die Wirtschaftssektoren eintragen.

(1) Die Rentenversicherung zahlt Rente.
(2) Eine Bank finanziert einen Hauskauf.
(3) Ein Arzt überweist seinen Patienten in ein Krankenhaus.
(4) Ein Hochseeschiff fängt Heringe.
(5) Ein Konditor backt eine Schwarzwälder Kirschtorte.
(6) Ein Kunde zahlt im Einzelhandelsgeschäft.
(7) Ein Supermarkt verkauft Obst vom Bio-Bauern.
(8) Die Krankenversicherung zahlt eine Arztrechnung.

Wirtschaftsbereiche:

Urproduktion

Verarbeitung

Verteilung

Aufgabe 11

Was lässt sich aus dem vorliegenden Angebot-Nachfrage-Diagramm im Punkt x ablesen?

(1) Die Gleichgewichtsmenge
(2) Die angebotene Menge
(3) Die nachgefragte Menge
(4) Der Mindestpreis
(5) Der Gleichgewichtspreis

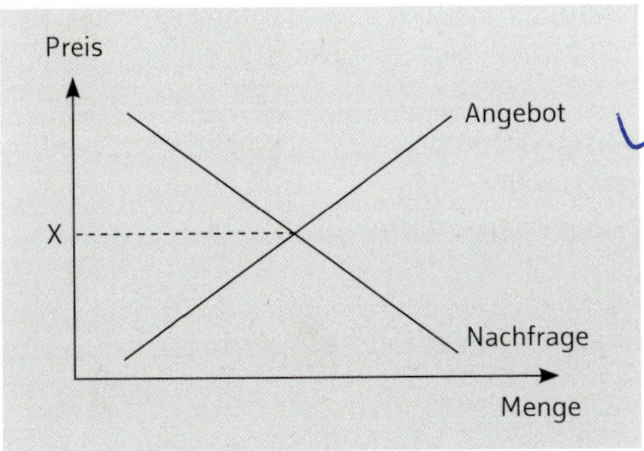

Aufgabe 12

Was ist im vorliegenden Angebot Nachfrage-Diagramm im Punkt x gegeben?

(1) Ein Marktgleichgewicht
(2) Ein Angebotsüberhang
(3) Ein Nachfrageüberhang
(4) Ein Höchstpreis
(5) Eine vom Markt ausgelöste Preiserhöhung

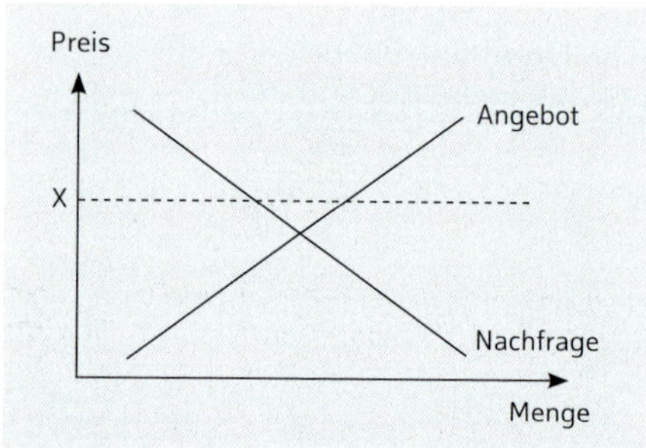

Aufgabe 13

Welche der genannten Funktionen erfüllt der Preis x im dargestellten Diagramm?

(1) Er gibt die Marktstellung des Anbieters an.
(2) Er gibt die Marktstellung des Nachfragers an.
(3) Er gibt den objektiven Wert des Gutes an.
(4) Er sorgt für den Ausgleich zwischen Angebot und Nachfrage.
(5) Er sorgt für die Deckung der Kosten.

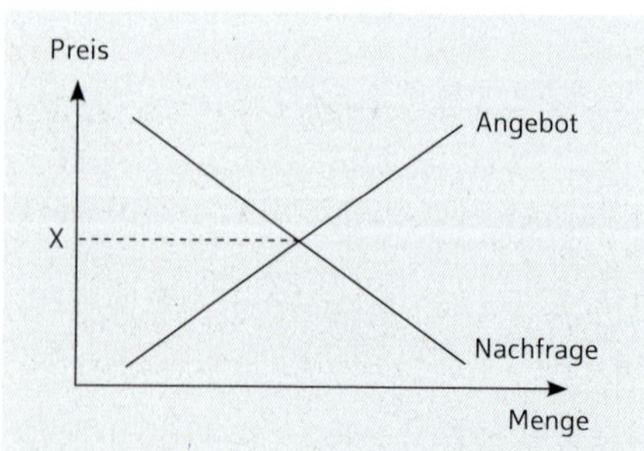

2. Rechtliche Rahmenbedingungen des Wirtschaftens

Aufgabe 14

Bei welcher der folgenden Personen handelt es sich um eine juristische Person?

(1) Staatsanwalt
(2) Richter
(3) Gerichtsvollzieher
(4) Sportverein „TSV Frickenhausen e. V."
(5) Polizeibeamter

Aufgabe 15

Sie arbeiten als Verkäufer in der Abteilung Haushaltswaren und verkaufen ein Pfannen-Set. Wie werden Besitz und Eigentum an diesem Pfannen-Set richtig beschrieben?

(1) Besitz und Eigentum an diesem Pfannen-Set sind synonyme Beschreibungen für denselben Sachverhalt.
(2) Besitz ist die tatsächliche Herrschaft über das Pfannen-Set, Eigentum beschreibt die rechtliche Herrschaft darüber.
(3) Besitz ist die rechtliche Herrschaft über das Pfannen-Set, Eigentum beschreibt die tatsächliche Herrschaft darüber.
(4) Besitz ist die rechtliche Herrschaft über das Pfannen-Set, Eigentum beschreibt die rechtliche und tatsächliche Herrschaft darüber.
(5) Durch die Übergabe des Pfannen-Sets wird der Kunde Eigentümer, bei Bezahlung wird er zusätzlich Besitzer.

Aufgabe 16

Entscheiden Sie, in welchem der folgenden Fälle ein zweiseitiger Handelskauf vorliegt.

(1) Ein Verkäufer der MCC GmbH kauft im eigenen Warenhaus unter Ausnutzung des Personalrabattes.
(2) Ein Außendienstmitarbeiter eines Lieferanten der MCC GmbH kauft nach Feierabend einen Blumenstrauß für seine Ehefrau.
(3) Eine Buchhandlung verkauft ein Buch zur Prüfungsvorbereitung an einen Auszubildenden der MCC GmbH.
(4) Die MCC GmbH kauft Waren bei einem Großhändler.

(5) Die Ehefrau eines selbstständigen Einzelhändlers verkauft eine Kette an eine Bekannte.

Aufgabe 17

Was versteht man unter dem Begriff „Geschäftsfähigkeit"?

(1) Die Fähigkeit, ein Gewerbe anmelden zu dürfen.
(2) Die Fähigkeit, Träger von Rechten und Pflichten zu sein.
(3) Die Fähigkeit, im Auftrag anderer Rechtsgeschäfte abzuschließen.
(4) Die Fähigkeit, rechtswirksame Willenserklärungen abzugeben.
(5) Die Fähigkeit, Gesellschafter einer Kapitalgesellschaft zu werden.

Aufgabe 18

In welchem der folgenden Fälle kann der 17-jährige Auszubildende Ralf Richter nur mit Zustimmung des gesetzlichen Vertreters eine rechtsgültige Willenserklärung abgegeben?

(1) Ralf Richter bekommt von seinem Patenonkel 10.000,00 EUR geschenkt.
(2) Ralf Richter kauft sich von seiner Ausbildungsvergütung ein Smartphone.
(3) Ralf Richter verkauft in der Abteilung Haushaltswaren der MCC GmbH, in der er gerade ausgebildet wird, Haushaltswaren im Wert von 2.000,00 EUR.
(4) Ralf Richter bestellt sich im Internet ein Buch und zahlt per Einzugsermächtigung von seinem Konto.
(5) Ralf Richter kauft sich ein neues Motorrad zum Preis von 4.800,00 EUR. Er vereinbart die Zahlung per Ratenkauf mit 24 Monatsraten à 200,00 EUR.

Aufgabe 19

Der 17-jährige Schüler Benjamin Meyer möchte ein Notebook auf Raten kaufen. Wie verhält sich der Verkäufer richtig?

(1) Der Verkäufer verkauft Benjamin das Notebook, weil er seine Ziele erreichen will.
(2) Der Verkäufer verkauft Benjamin das Notebook, weil sein 21-jähriger Freund mitgekommen ist.
(3) Der Verkäufer verkauft Benjamin das Notebook, weil er bereits in vier Wochen 18 wird.
(4) Der Verkäufer verkauft Benjamin das Notebook nicht, weil Benjamin nicht voll geschäftsfähig ist.

(5) Der Verkäufer verkauft Benjamin das Notebook nicht, weil Benjamin geschäftsunfähig ist.

Aufgabe 20

Mit welchem Alter erlangt eine natürliche Person die beschränkte Geschäftsfähigkeit?

(1) Mit Vollendung der Geburt
(2) Mit Vollendung des 7. Lebensjahres
(3) Mit Vollendung des 12. Lebensjahres
(4) Mit Vollendung des 14. Lebensjahres
(5) Mit Vollendung des 18. Lebensjahres

Aufgabe 21

Welche der folgenden Feststellungen zur Rechtsfähigkeit trifft so pauschal nicht zu?

(1) Wer rechtsfähig ist, kann Verträge abschließen.
(2) Wer rechtsfähig ist, kann Schuldner sein.
(3) Wer rechtsfähig ist, kann Gläubiger sein.
(4) Wer rechtsfähig ist, kann Vermögen besitzen.
(5) Wer rechtsfähig ist, kann Träger von Rechten und Pflichten sein.

Aufgabe 22

Das Warenhaus MCC GmbH erwägt, einen Franchise-Vertrag mit einem bekannten Franchise-Geber abzuschließen. Aus welchem Grund wird die MCC GmbH einen solchen Vertrag abschließen?

(1) Weil der Franchise-Geber dann die Bestückung und Betreuung der entsprechenden Regalflächen übernimmt.
(2) Weil sie dadurch zusätzliche Pachteinnahmen generieren kann.
(3) Weil sie damit ein etabliertes Markenkonzept erwirbt und u. a. mit verkaufsfördernden Hilfen unterstützt wird.
(4) Weil sie damit ohne Risiko zusätzliche Waren ins Sortiment aufnehmen kann und die nicht verkaufte Ware vom Franchise-Geber wieder zurückgenommen werden muss.
(5) Weil sie dadurch die Verkaufsfläche kundenfreundlicher gestalten kann.

Aufgabe 23

Entscheiden Sie, bei welchem der folgenden Sachverhalte ein einseitiges Rechtsgeschäft vorliegt.

(1) Die MCC GmbH stellt einen neuen Verkäufer ein.
(2) Ihr Nachbar schenkt Ihnen Kirschen aus seinem Garten.
(3) Eine Mitarbeiterin leiht sich aus dem Fuhrpark ihres Arbeitgebers einen Lkw für einen privaten Umzug.
(4) Die MCC GmbH erhält die Kündigung für einen ihrer zusätzlich gemieteten Lagerräume.
(5) Die MCC GmbH schenkt einem Mitarbeiter zum 25-jährigen Betriebsjubiläum einen neuen Fernseher.

Aufgabe 24

Die Einkaufsleitung des Warenhauses MCC beschließt, in der Elektroabteilung mehr Ware in Kommission zu übernehmen. Was verspricht sich die Einkaufsleitung davon?

(1) Die Lagerkosten werden dann vom Lieferanten getragen.
(2) Die Personalkosten können dadurch gesenkt werden.
(3) Die Transportkosten können deutlich gesenkt werden.
(4) Nicht verkaufte Ware kann ohne Kosten an den Verkäufer zurückgegeben werden.
(5) Durch zusätzliches, vom Lieferanten zur Verfügung gestelltes Verkaufspersonal kann die Beratungsqualität verbessert werden.

Aufgabe 25

Welches der folgenden Rechtsgeschäfte zählt zu den einseitigen Rechtsgeschäften?

(1) Der Werkvertrag
(2) Der Werklieferungsvertrag
(3) Die Schenkung
(4) Die Kündigung
(5) Der Pachtvertrag

Aufgabe 26

Welches der folgenden Rechtsgeschäfte ist ein Handelskauf im Sinne des HGB („zweiseitiger Handelskauf“)?

(1) Eine Verkäuferin kauft in der Abteilung, in der sie arbeitet, einen neuen Hosenanzug.

(2) Ein Abteilungsleiter der MCC GmbH verkauft einem Freund einen gebrauchten Golfschläger.
(3) Eine Kundin kauft im Warenhaus ein Kleid.
(4) Als Mitarbeiter der MCC GmbH kaufen Sie im Auftrag des Warenhauses bei einer Einkaufsorganisation Funktionskleidung für Freizeitsportler.
(5) Als Mitarbeiter der MCC GmbH verkaufen Sie Funktionskleidung für Freizeitsportler an den örtlichen Verein Wanderfreunde e. V.

Aufgabe 27

In welchem der folgenden Fälle handelt es sich um einen Kauf unter Privatleuten im Sinne des BGB („bürgerlicher Kauf")?

(1) Ein Schulleiter kauft für seine Schule Notebooks.
(2) Ein Auszubildender kauft sich einen Anzug, den er auch im Rahmen seiner beruflichen Tätigkeit trägt.
(3) Ein EDV-Fachgeschäft verkauft gebrauchte Notebooks an seine Kunden.
(4) Ein Lebensmittelhändler kauft sich für seinen privaten Gebrauch Wein bei seinem Lieferanten.
(5) Der Geschäftsführer der MCC GmbH verkauft seinen gebrauchten Pkw an einen seiner Mitarbeiter.

Aufgabe 28

Welcher Sachverhalt wird in einem Werkvertrag geregelt?

(1) Die Übereignung einer Sache gegen Geld
(2) Die Arbeitsaufteilung zwischen den Gesellschaftern einer GmbH
(3) Die Herstellung oder Veränderung eines individuellen Werkes
(4) Die Leistung von Diensten gegen Geld
(5) Die Eckpunkte der Zusammenarbeit von zwei Unternehmen

Aufgabe 29

Welches der folgenden Rechtsgeschäfte ist nichtig?

(1) Der 11-jährige Marcus kauft von seinem sechsjährigen Freund Thomas ein ferngesteuertes Auto. Den Kaufpreis von 20,00 EUR entrichtet er von seinem Taschengeld.
(2) Die 8-jährige Nele bekommt von ihrer Oma 300,00 EUR geschenkt.

(3) Die 12-jährige Schülerin Melanie kauft eine CD für 10,00 EUR.
(4) Der 18-jährige Torsten kauft sich gegen den Willen seiner Eltern ein Motorrad im Wert von 5.000,00 EUR.
(5) Die 18-jährige Sabine kündigt ihren Berufsausbildungsvertrag schriftlich.

Aufgabe 30

Auf eine Anfrage der MCC GmbH vom 17. März sendet Ihnen die PGM GmbH am 20. März ein unverbindliches Angebot zu. In welchem Fall ist ein gültiger Kaufvertrag zustande gekommen?

(1) Die PGM GmbH widerruft noch am 17. März per E-Mail ihr Angebot.
(2) Die MCC GmbH bestellt am 22. März bei der PGM GmbH entsprechend dem Angebot, ändert allerdings den Rabatt von 10 % auf 15 % ab.
(3) Die MCC GmbH bestellt noch am 20. März per E-Mail entsprechend dem Angebot.
(4) Die MCC GmbH bestellt am 24. März entsprechend dem Angebot bei der PGM GmbH.
(5) Die MCC GmbH bestellt am 30. März entsprechend dem Angebot bei der PGM GmbH. Diese sendet der MCC GmbH am 3. April eine Auftragsbestätigung zu.

Beleg zu den Aufgaben 31 – 34

Kitchen-King GmbH

Kitchen-King GmbH, Lange Gasse 68, 90402 Nürnberg

Main City Center
MCC GmbH
Am roten Main 24
95444 Bayreuth

Eingegangen am
30. April 20..

27.04.20..

Unser Angebot zu Ihrer Anfrage vom 20.04.20..

Sehr geehrter Herr Müller,

wir danken Ihnen für Ihre Anfrage und machen Ihnen folgendes Angebot:

Das angefragte dreiteilige Pfannen-Set „Teflon Classic“ (20 cm, 24 cm und 28 cm Durchmesser), bieten wir Ihnen bei der Abnahme von 50 Stück zum Preis von 40,00 EUR (netto) je Set an.

Bei Vertragsabschluss sind 25 % des Kaufpreises anzuzahlen, der Rest ist innerhalb von 30 Tagen nach Lieferung ohne Abzug zahlbar.

Die Lieferung erfolgt auf Kosten des Käufers. Die Lieferzeit beträgt 2 Wochen ab Bestellung.

Die Ware bleibt bis zur vollständigen Bezahlung Eigentum der Kitchen-King GmbH. Der Gerichtsstand ist für beide Vertragspartner Nürnberg. Der Erfüllungsort ist ebenfalls Nürnberg.

Wir hoffen, dass unser Angebot Ihren Vorstellungen entspricht und erwarten gerne Ihren Auftrag.

Mit freundlichen Grüßen

S. Schneider

Susanne Schneider

Aufgabe 31

Wie lange ist die Kitchen-King GmbH an dieses Angebot gebunden?

(1) Das Angebot ist zeitlich unbegrenzt gültig, es sei denn, das Unternehmen Kitchen-King GmbH geht in die Insolvenz.
(2) Die Kitchen-King GmbH ist überhaupt nicht an das Angebot gebunden, da es sich um ein unverbindliches Angebot handelt.
(3) Das Angebot ist so lange bindend, wie der Eingang der Antwort unter regelmäßigen Umständen erwarten werden kann (ca. eine Woche).
(4) Das Angebot ist sechs Wochen bindend.
(5) Das Angebot ist drei Monate bindend.

Aufgabe 32

Bei welcher Formulierung des oben stehenden Schreibens handelt es sich um die Zahlungsbedingungen?

(1) „Das angefragte dreiteilige Pfannenset ... bieten wir Ihnen bei der Abnahme von 50 Stück zum Preis von 40,00 EUR je Set an."
(2) „Bei Vertragsabschluss sind 25 % des Kaufpreises anzuzahlen, der Rest ist innerhalb von 30 Tagen nach Lieferung ohne Abzug zahlbar."
(3) „Die Lieferung erfolgt auf Kosten des Käufers. Die Lieferzeit beträgt 2 Wochen ab Bestellung."
(4) „Die Ware bleibt bis zur vollständigen Bezahlung Eigentum der Kitchen-King GmbH."
(5) „Der Gerichtsstand ist für beide Vertragspartner Nürnberg. Der Erfüllungsort ist ebenfalls Nürnberg."

Aufgabe 33

Auf der Grundlage des vorliegenden Angebots bestellen Sie 50 Pfannensets. In welchem Fall ist eine Bestellannahme (Auftragsbestätigung) erforderlich, damit ein Kaufvertrag zustande kommt?

(1) Wenn Sie am 27.04. per Mail bestellen.
(2) Wenn Sie die Bestellung am 28.04. per Brief aufgeben.
(3) Wenn Sie die Bestellung am 29.04. per E-Mail aufgeben.
(4) Wenn Sie im Rahmen Ihrer Bestellung die Lieferfrist auf eine Woche verkürzen.
(5) Wenn Sie den Kaufvertrag nur mündlich abschließen.

Aufgabe 34

Was bedeutet die Formulierung „Die Ware bleibt bis zur vollständigen Bezahlung Eigentum der Kitchen-King GmbH“?

(1) Es handelt sich um einen Eigentumsvorbehalt, d. h., die Lieferung erfolgt erst nach Bezahlung der Lieferung.
(2) Es handelt sich um einen Eigentumsvorbehalt, d. h., die MCC GmbH wird nach der Bezahlung der Ware nur Besitzer, aber nicht Eigentümer.
(3) Es handelt sich um einen Eigentumsvorbehalt, d. h., die MCC GmbH wird nach der Bezahlung der Ware nur Eigentümer, aber nicht Besitzer.
(4) Es handelt sich um einen Eigentumsvorbehalt, d. h., die MCC GmbH wird zunächst nur Besitzer und erst bei vollständiger Bezahlung Eigentümer der Ware.
(5) Es handelt sich nicht um einen Eigentumsvorbehalt, da der Begriff „Eigentumsvorbehalt“ nicht im Angebotstext auftaucht.

Aufgabe 35

Entscheiden Sie, in welchem Fall ein rechtsgültiger Kaufvertrag vorliegt.

(1) Ein Lieferant sendet der MCC GmbH ein Angebot über ein Sortiment von Haushaltswaren.
(2) Herr Müller mietet einen zusätzlichen Lagerraum an.
(3) Ein Kunde erwirbt mit dem Kauf einer Softwarelizenz das Recht, die Software auf seinem Notebook zu nutzen.
(4) Herr Müller will einen Pkw für die MCC GmbH anschaffen und versendet deshalb Anfragen an verschiedene Autohändler.
(5) Ein neuer Mitarbeiter unterzeichnet einen Arbeitsvertrag bei der MCC GmbH.

Aufgabe 36

Ein Kunde leistet bei Ihnen eine Anzahlung für einen goldenen Verlobungsring mit Gravur und vereinbart mit Ihnen, den Ring am nächsten Tag abzuholen und den Restbetrag zu bezahlen. Am nächsten Tag will der Kunde den Verlobungsring jedoch nicht mehr haben und verlangt seine Anzahlung zurück. Er habe sich mit seiner Verlobten zerstritten und brauche den Ring nicht mehr. Wie ist die Rechtslage?

(1) Durch die Auflösung der Verlobung ist die Rechtsgrundlage für den Kauf des Verlobungsringes weggefallen, der Kunde hat folglich das Recht, seine Anzahlung zurückzuverlangen.
(2) Der Kunde muss zumindest einen billigeren Ring im Wert der Anzahlung kaufen.
(3) Es liegt ein rechtsgültiger Kaufvertrag vor. Sie können auf die Erfüllung des Kaufvertrages, also auf Abnahme der Ware und Restzahlung bestehen.
(4) Der Kaufvertrag wurde durch den Widerruf des Kunden am nächsten Tag nichtig.
(5) Der Kaufvertrag wurde durch den Widerruf des Kunden zwar am nächsten Tag nichtig, Sie können jedoch aufgrund der angefertigten Gravur Schadensersatz verlangen.

Beleg zu den Aufgaben 37–39

Höfner Elektro KG Bayreuth

Höfner Elektro KG, Äußere Badstraße 32, 95448 Bayreuth

Main City Center
MCC GmbH
Am roten Main 24
95444 Bayreuth

Eingegangen am

10. März 20..

08.03.20..

Unser Angebot zu Ihrer Anfrage vom 02.03.20..

Sehr geehrter Herr Müller,

über Ihr Interesse an unserem Badezimmerleuchten-Sortiment haben wir uns sehr gefreut. Wir danken Ihnen für Ihre entsprechende Anfrage und machen Ihnen folgendes Angebot:

Bestell-Nr. 120345
Lumen Aufbauleuchte BLOQ, Metall weiß, Maße L/B/H: 313/163/122 mm
Preis: 159,00 EUR je Stück (netto)

Bestell-Nr. 120346
Lumen Decken/Wandleuchte KWADRO, Metall/Glas mattchrom, Maße L/B/H: 450/450/70 mm
Preis: 269,00 EUR je Stück (netto)

Die Lieferung der Leuchten erfolgt unfrei, zahlbar innerhalb von 8 Tagen mit 3 % Skonto oder nach 30 Tagen ohne Abzug. Die Lieferzeit beträgt 3 Wochen ab Bestellung. Bei Abnahme von mindestens 20 Stück je Artikel gewähren wir einen Rabatt von 20 %.

Wir hoffen, dass unser Angebot Ihren Vorstellungen entspricht und erwarten gerne Ihren Auftrag.

Mit freundlichen Grüßen

P. Höfner

Peter Höfner

Aufgabe 37

Von der Höfner Elektro KG aus Bayreuth erhalten Sie das oben abgebildete Angebot. Wie lange ist die Höfner Elektro KG an dieses Angebot gebunden?

(1) Die Höfner Elektro KG ist ohne zeitliche Begrenzung an ihr Angebot gebunden.
(2) Die Höfner Elektro KG ist sechs Monate lang an ihr Angebot gebunden.
(3) Die Höfner Elektro KG ist vier Wochen lang an ihr Angebot gebunden.
(4) Die Höfner Elektro KG ist so lange an das Angebot gebunden, wie sie unter verkehrsüblichen Umständen eine Antwort erwarten kann.
(5) Die Höfner Elektro KG ist nicht an das Angebot gebunden, weil es sich um ein unverbindliches Angebot handelt.

Aufgabe 38

Die MCC GmbH möchte mit der Höfner Elektro KG darüber verhandeln, ob die Ware auch in Kommission übernommen werden kann. Welche Vorteile verspricht sich die MCC GmbH davon?

(1) Die Höfner Elektro KG müsste in diesem Fall die Lagerkosten der Ware tragen.
(2) Die Höfner Elektro KG würde dann die vollständigen Transportkosten übernehmen.
(3) Die Höfner Elektro KG wäre dann verpflichtet, der MCC GmbH Verkaufspersonal zur Verfügung zu stellen.
(4) Die Höfner Elektro KG wäre dann verpflichtet, nicht verkaufte Ware zurückzunehmen.
(5) Die Höfner Elektro KG wäre dann verpflichtet, der MCC GmbH einen zusätzlichen Rabatt einzuräumen.

Aufgabe 39

Ein alternatives Angebot eines anderen Lieferanten enthält den Vermerk „freibleibend". Welche rechtliche Bedeutung hat dieser Vermerk?

(1) Das Angebot wird rechtlich unverbindlich, wenn nicht in der gleichen Form bestellt wird, wie es in dem Angebot vorgegeben ist.
(2) Das Angebot wird erst rechtlich unverbindlich, wenn die Bestellung mit Abänderungen erfolgt.

(3) Das Angebot ist in jedem Fall von vornherein rechtlich unverbindlich.
(4) Das Angebot erlischt, wenn nicht unmittelbar nach Posteingang bestellt wird.
(5) Das Angebot ist in jedem Fall rechtlich verbindlich, es besteht jedoch die Möglichkeit, nachträgliche Änderungen vorzunehmen.

Aufgabe 40

Auf eine Anfrage der MCC GmbH vom 17. März sendet Ihnen die PGM GmbH am 20. März ein unverbindliches Angebot zu. In welchem Fall ist ein gültiger Kaufvertrag zustande gekommen?

(1) Die PGM GmbH widerruft noch am 17. März per E-Mail ihr Angebot.
(2) Die MCC GmbH bestellt am 22. März bei der PGM GmbH entsprechend dem Angebot, ändert allerdings den Rabatt von 10 % auf 15 % ab.
(3) Die MCC GmbH bestellt noch am 20. März per E-Mail entsprechend dem Angebot.
(4) Die MCC GmbH bestellt am 24. März entsprechend dem Angebot bei der PGM GmbH.
(5) Die MCC GmbH bestellt am 30. März entsprechend dem Angebot bei der PGM GmbH. Diese sendet der MCC GmbH am 3. April eine Auftragsbestätigung zu.

Aufgabe 41

Dem Angebot der PGM GmbH liegen Geschäftsbedingungen bei, die dem Kaufvertrag zugrunde liegen. Unter anderem findet sich dort die Vertragsklausel „Lieferung unter Eigentumsvorbehalt". Welche rechtliche Konsequenz hat diese Klausel?

(1) Die MCC GmbH wird nach vollständiger Bezahlung des Kaufpreises Besitzer der gelieferten Ware.
(2) Die MCC GmbH bekommt die Ware erst nach vollständiger Bezahlung geliefert.
(3) Die MCC GmbH wird erst nach vollständiger Bezahlung des Kaufpreises Eigentümer der gelieferten Ware.
(4) Die PGM GmbH bleibt bis zur vollständigen Bezahlung des Kaufpreises Besitzer der gelieferten Ware.
(5) Der Eigentumsvorbehalt erlischt bei der Übergabe der Ware an die MCC GmbH.

Aufgabe 42

Das Warenhaus MCC GmbH bietet seinen Kunden eine Reihe von Serviceleistungen. Entscheiden Sie, in welchem der folgenden Fälle es sich nicht um eine freiwillige, sondern um eine gesetzlich vorgeschriebene Leistung handelt.

(1) Die MCC GmbH bietet ihren Kunden beim Kauf von Elektrogeräten einen kostenlosen Funktions-Check nach zwei Jahren an.
(2) Verkäufer der MCC GmbH stellen ihren Kunden die kopierten Ergebnisse der Stiftung Warentest zur Verfügung.
(3) Alle Waren des Warenhauses MCC GmbH werden grundsätzlich transportsicher verpackt.
(4) Alle Waren des Warenhauses MCC GmbH im Verkaufsraum sind mit dem Bruttoverkaufspreis versehen.
(5) Verkäufer der MCC GmbH weisen ihre Kunden auf mögliche Gefahren hin, die mit der Nutzung von Elektrogeräten verbunden sein können.

Aufgabe 43

Für das Zustandekommen eines rechtsgültigen Kaufvertrages ist nicht grundsätzlich eine Auftragsbestätigung notwendig. In welchem der folgenden Fälle ist dies aber zwingend erforderlich?

(1) Wenn die Ware nur telefonisch angeboten wird.
(2) Wenn es sich um ein freibleibendes Angebot handelt.
(3) Wenn es sich um ein zeitlich befristetes Angebot handelt.
(4) Wenn vor Erhalt des Angebots keine Anfrage versandt wurde.
(5) Wenn mit diesem Lieferanten vorher noch keine Geschäftsbeziehung gepflegt wurde.

Aufgabe 44

Ein Lieferant der MCC GmbH liefert Ware unter Eigentumsvorbehalt. In welchem Fall ist der Eigentumsvorbehalt rechtsgültig?

(1) Wenn bereits ein Insolvenzverfahren gegen die MCC GmbH eingeleitet worden ist.
(2) Wenn der Eigentumsvorbehalt auf der Rechnung vermerkt worden ist.
(3) Wenn der Eigentumsvorbehalt im Kaufvertrag vermerkt worden ist.
(4) Wenn die MCC GmbH den vereinbarten Kaufpreis nicht fristgerecht bezahlt hat.
(5) Wenn die MCC GmbH einen Mahnbescheid erhalten hat.

Aufgabe 45

Der Abschluss von Kaufverträgen ist grundsätzlich an keine bestimmte Form gebunden. Es gibt jedoch auch einige gesetzlich geregelte Ausnahmen. In welchem der folgenden Fälle ist aufgrund von Formmängeln kein Vertrag zustande gekommen?

(1) In einem verbindlichen Angebot vom 10. März steht u. a. „Das Angebot ist bis zum 30. März gültig. Die Lieferzeit beträgt 8 Tage." Der Kunde bestellt aufgrund dieses Angebots am 29. März und bittet um Lieferung bis zum 9. April.
(2) Ein Mitarbeiter der MCC GmbH bestellt telefonisch beim Lieferanten Sport-Meyer 30 Paar Sportschuhe mit der Artikel-Nr. 2319. Die Auftragsbestätigung erfolgt umgehend per E-Mail.
(3) Ein Mitarbeiter der MCC GmbH möchte für sich und seine Familie ein Haus bauen. Dazu erwirbt er ein Baugrundstück von seiner Gemeinde. Es wird ein schriftlicher Kaufvertrag abgeschlossen, den Käufer und Verkäufer des Grundstücks unterschreiben.
(4) Die MCC GmbH nimmt bei ihrer Hausbank einen Kredit auf. Ein Schriftstück, in dem der Betrag, der Zinssatz und der Rückzahlungstermin festgehalten werden, wird vom Geschäftsführer der MCC GmbH und einem Bankmitarbeiter unterschrieben.
(5) Ein Mitarbeiter der MCC GmbH bestellt telefonisch beim Lieferanten Sport-Meyer 30 Paar Turnschuhe mit der Artikel-Nr. 2319. Sport-Meyer liefert die Schuhe, ohne vorher eine Auftragsbestätigung zu schicken.

Aufgabe 46

In einem Angebot finden Sie u. a. die Formulierung „brutto für netto". Was bedeutet das?

(1) Die Verpackung muss frachtfrei zurückgeschickt werden.
(2) Der Preis der Ware bemisst sich nach seinem Gewicht einschließlich dem Gewicht seiner Verpackung (Bruttogewicht).
(3) Die Verpackung wird zum Selbstkostenpreis berechnet.
(4) Die Verpackungskosten gehen zulasten des Lieferers.
(5) Die Verpackungskosten gehen zulasten des Kunden.

Aufgabe 47

In einem Kaufvertrag ist keine Vereinbarung über die Verpackungs- und Transportkosten enthalten. Welche Kosten muss der Verkäufer tragen?

(1) Weder die Verpackungs- noch die Transportkosten
(2) Nur die Frachtkosten
(3) Nur die Verpackungskosten (Versandverpackung)
(4) Die vollständigen Transportkosten
(5) Nur die Abfuhrkosten (von der Empfangsstation)

Aufgabe 48

Welchen Zweck erfüllen die Allgemeinen Geschäftsbedingungen (AGB) beim Abschluss von Kaufverträgen?

(1) Die AGB erleichtern die Vertragsgestaltung, weil sie für viele Verträge standardmäßig genutzt werden können.
(2) Die AGB schützen den Käufer davor, vom Verkäufer übervorteilt zu werden.
(3) Die AGB werden bei jedem Kaufvertrag individuell ausgehandelt und tragen somit sowohl den Interessen des Verkäufers als auch denen des Käufers Rechnung.
(4) Die AGB können Kaufentscheidungen beschleunigen.
(5) Die AGB gelten nur bei einseitigen Handelskäufen.

Aufgabe 49

Welche gesetzlichen Vorschriften müssen Sie als Verkäufer beim Abschluss von Teilzahlungsverträgen mit Privatpersonen beachten?

(1) Teilzahlungsverträge dürfen grundsätzlich nicht mehr als 24 monatliche Ratenzahlungen aufweisen.
(2) Voraussetzung von Teilzahlungsverträgen ist immer eine mindestens 20-prozentige Anzahlung.
(3) Teilzahlungsverträge müssen immer eine vom Käufer unterschriebene Belehrung über das Rücktrittsrecht enthalten.
(4) Teilzahlungsverträge können grundsätzlich auch mit beschränkt Geschäftsfähigen abgeschlossen werden.
(5) Teilzahlungsverträge sind rechtlich nur beim zweiseitigen Handelskauf erlaubt.

Sachverhalt zu den Aufgaben 50–52

Die Meier GmbH ist ein Lieferant für Haushaltswaren, bei dem die MCC GmbH des Öfteren Waren bezieht.

Aufgabe 50

Alle mit der Meier GmbH abgeschlossenen Kaufverträge beinhalten eine Klausel, die als sog. Eigentumsvorbehalt bezeichnet wird. Welchen Zweck verfolgt die Meier GmbH mit dieser Klausel?

(1) Die MCC GmbH wird erst nach Leistung einer Anzahlung Eigentümerin der gelieferten Ware.
(2) Die Meier GmbH erwirbt dadurch das Recht, jederzeit vom Kaufvertrag zurückzutreten und sich die Ware zurückzuholen.
(3) Die Meier GmbH verfolgt damit das Ziel, die Zahlung des Kaufpreises abzusichern.
(4) Die MCC GmbH erwirbt dadurch das Recht, jederzeit vom Kaufvertrag zurückzutreten und die Ware an die Meier GmbH zurückzugeben.
(5) Die Meier GmbH bleibt dadurch bis zur vollständigen Zahlung des Kaufpreises Besitzer der Ware.

Aufgabe 51

Die MCC GmbH hat am 15. Juli Ware bei der Meier GmbH bestellt, ohne einen genauen Liefertermin festzulegen. Unter welcher Voraussetzung gerät die Meier GmbH in Verzug?

(1) Wenn die Ware nicht mindestens acht Wochen nach der Bestellung bei der MCC GmbH eintrifft.
(2) Wenn die Ware nicht mindestens bis zum 15. August bei der MCC GmbH eintrifft.
(3) Wenn die Ware nicht mindestens bis zum 15. September bei der MCC GmbH eintrifft.
(4) Wenn die Ware nach Verstreichen der in einer Mahnung gesetzten Nachfrist nicht bei der MCC GmbH eintrifft.
(5) Wenn aufgrund eines Streiks in der Meier GmbH die Ware nicht geliefert werden kann.

Aufgabe 52

Angenommen, die Meier GmbH befindet sich im Verzug. Ist die MCC GmbH berechtigt, Schadensersatz zu verlangen?

(1) Sie hat keinen Anspruch auf Schadensersatz, wenn sie die verspätete Lieferung angenommen hat.
(2) Sie hat keinen Anspruch auf Schadensersatz, wenn sie nicht nach Eintritt des Lieferungsverzugs vom Vertrag zurückgetreten ist.

(3) Sie hat keinen Anspruch auf Schadensersatz, wenn sie trotz der Verzögerung auf die Lieferung der Ware bestanden hat.
(4) Sie hat Anspruch auf Schadensersatz, wenn ihr ein nachweisbarer Schaden entstanden ist.
(5) Sie hat Anspruch auf Schadensersatz, wenn sie keinen Kauf vorgenommen hat.

Aufgabe 53

Bei Vorliegen welcher beiden Merkmale erscheint ein Markenschutz (eingetragenes Markenzeichen) sinnvoll?

(1) gehobenes Preisniveau
(2) technische Innovation
(3) gezielte Rabattaktion
(4) hoher Wiedererkennungswert
(5) gleichbleibend hohe Qualität

Aufgabe 54

Welche beiden Aussagen über das kaufmännische Mahnverfahren sind zutreffend?

(1) Spätestens in der 2. Mahnung sollte dem Schuldner eine Frist gesetzt werden.
(2) Sobald ein Kunde im Zahlungsverzug ist, ist ein Inkassoinstitut zu beauftragen.
(3) Nach Ablauf des Mahnverfahrens darf der Gläubiger Pfändungen vornehmen.
(4) Für eine schriftliche Mahnung gibt es keine verbindlichen Formvorschriften.
(5) Verzugszinsen sind immer und vom Betrag unabhängig in Rechnung zu stellen.

Aufgabe 55

Wo beginnt ein gerichtliches Mahnverfahren?

(1) Mit dem Verfassen der 1. Mahnung.
(2) Mit dem Verfassen der 3. Mahnung.
(3) Mit dem erfolglosen Ablauf der Nachfrist.
(4) Mit dem Antrag auf Erlass eines Mahnbescheids beim Amtsgericht.
(5) Mit dem Antrag auf Erlass eines Vollstreckungsbescheids beim Amtsgericht.

Aufgabe 56

Welchen Einfluss hat das außergerichtliche Mahnverfahren auf die Verjährung?

(1) Die Forderung verjährt erst nach 30 Jahren.
(2) Es hat keinen Einfluss.
(3) Die Verjährung wird unterbrochen.
(4) Die Verjährung wird gehemmt.
(5) Die Verjährungsfrist wird von 3 Jahren auf 5 Jahre verlängert.

Aufgabe 57

Ein Einzelhändler in Bayreuth erhält von einem Lieferer aus Nürnberg einen gerichtlichen Mahnbescheid über 5.200,00 EUR. Dieser bezieht sich auf eine Lieferung, die der Einzelhändler allerdings nie erhalten hat. Was muss der Einzelhändler unternehmen, wenn er nicht zahlen will?

(1) Innerhalb von 14 Tagen Widerspruch beim Amtsgericht in Nürnberg einlegen.
(2) Innerhalb von 14 Tagen Widerspruch beim Landgericht in Nürnberg einlegen.
(3) Innerhalb von 14 Tagen Widerspruch bei dem für das gerichtliche Mahnverfahren zuständigen Amtsgericht in Coburg einlegen.
(4) Nichts, da die Forderung verjährt ist.
(5) Innerhalb von 14 Tagen Widerspruch beim Verwaltungsgericht in Bayreuth einlegen.

Aufgabe 58

Wer kann in das Handelsregister Einsicht nehmen?

(1) Nur Kreditinstitute, um die Kreditwürdigkeit der Kunden zu überprüfen.
(2) Nur Personen, die ein berechtigtes Interesse nachweisen können.
(3) Jedermann, der sich informieren möchte.
(4) Nur Auskunfteien, um in Prozessen richtige Entscheidungen zu treffen.
(5) Nur Gläubiger, die einen Vergleich oder Insolvenz beantragt haben.

Aufgabe 59

Welche Aussage über das Handelsregister ist richtig?

(1) Es ist ein amtliches Verzeichnis von Kaufleuten eines Amtsgerichtsbezirks.
(2) Alle Eintragungen im Handelsregister werden von der Industrie- und Handelskammer im Auftrag des Amtsgerichts öffentlich bekannt gemacht.
(3) Es ist das amtliche Verzeichnis aller Formkaufleute eines Amtsgerichtsbezirks.
(4) Es erfasst den Umsatz der Handelsbetriebe in einem Amtsgerichtsbezirk.
(5) Es unterrichtet die Öffentlichkeit über die Kapitalanteile der eingetragenen Aktionäre.

Aufgabe 60

Wer ist Kaufmann im Sinne des HGB?

(1) Der Angestellte eines Großhändlers
(2) Jede Person mit abgeschlossener kaufmännischer Berufsausbildung
(3) Der Großaktionär eines Nürnberger Süßwarenherstellers
(4) Ein Handwerker als Gesellschafter der Schreinerei Meier GmbH
(5) Ein Handelsbetrieb, der nach Art und Umfang einen in kaufmännischer Weise eingerichteten Geschäftsbetrieb (kaufmännische Organisation) erfordert

Aufgabe 61

Welche Kaufmannseigenschaft hat eine GmbH?

(1) Sie ist kein Kaufmann im Sinne des HGB.
(2) Sie ist Ist-Kaufmann.
(3) Sie ist Form-Kaufmann.
(4) Sie ist Kann-Kaufmann.
(5) Sie betreibt ein Kleingewerbe.

Aufgabe 62

Herr Schneider betreibt rechtlich selbstständig ein Einzelhandelsgeschäft, das nach Art und Umfang einen in kaufmännischer Weise eingerichteten Geschäftsbetrieb (kaufmännische Organisation) erfordert. Welche Aussage ist zutreffend?

(1) Er ist kein Kaufmann im Sinne des HGB.
(2) Er ist Ist-Kaufmann.
(3) Er ist Form-Kaufmann.
(4) Er ist Kann-Kaufmann.
(5) Er betreibt ein Kleingewerbe.

Aufgabe 63

Was versteht das HGB unter einer „Firma"?

(1) Den Namen, unter dem ein Kaufmann im Sinne des HGB seine Geschäfte betreibt („Handelsname")
(2) Einen kaufmännischen Betrieb
(3) Den bürgerlichen Namen eines Kleingewerbebetreibenden, unter dem er sein Handelsgewerbe betreibt
(4) Ein Unternehmen, das nach Art und Umfang keinen in kaufmännischer Weise eingerichteten Geschäftsbetrieb erfordert
(5) Die Gebäude eines im Handelsregister eingetragenen Unternehmens

Aufgabe 64

Welche der folgenden Aussagen zur Einzelunternehmung sind falsch?

(1) Einzelunternehmer haften voll, d. h. mit dem Geschäfts- und dem Privatvermögen.
(2) Einzelunternehmen sind nur als Personengesellschaften möglich.
(3) Einzelunternehmen werden von einer einzelnen Person gegründet.
(4) Die Firma bei Einzelkaufleuten muss die Bezeichnung „eingetragener Kaufmann", „eingetragene Kauffrau" oder die allgemein verständliche Abkürzung dieser Begriffe enthalten.
(5) Einschränkungen der Haftung sind bei Einzelunternehmen grundsätzlich nicht möglich.

Aufgabe 65

Die Meier OHG geht in ein Insolvenzverfahren. Wie haften die drei Gesellschafter?

(1) Jeder für sich mit seinem gesamten Vermögen.

(2) Sie haften jeweils nur mit ihrem Privatvermögen.
(3) Jeder haftet jeweils nur mit seiner Einlage in das Unternehmen.
(4) Jeder haftet für ein Drittel der Gesamtschulden.
(5) Alle gemeinsam haften solidarisch, unmittelbar und mit ihrem gesamten Vermögen.

Aufgabe 66

Bei welcher Rechtsform wird zwischen Voll- und Teilhaftern unterschieden?

(1) Offene Handelsgesellschaft
(2) Genossenschaft
(3) Kommanditgesellschaft
(4) Aktiengesellschaft
(5) Gesellschaft mit beschränkter Haftung

Aufgabe 67

Bei welcher Steuer liegt eine indirekte Steuer vor?

(1) Einkommenssteuer
(2) Körperschaftssteuer
(3) Kirchensteuer
(4) Umsatzsteuer
(5) Gewerbesteuer

Aufgabe 68

Bei welcher der folgenden Versicherungen handelt es sich um eine Individualversicherung?

(1) Rentenversicherung
(2) Krankenversicherung
(3) Pflegeversicherung
(4) Haftpflichtversicherung
(5) Arbeitslosenversicherung

3. Menschliche Arbeit im Betrieb

Sachverhalt zu den Aufgaben 69–71

Ralf Richter hat am 1. August dieses Jahres eine dreijährige Ausbildung zum Kaufmann im Einzelhandel bei dem Warenhaus MCC GmbH begonnen.

Aufgabe 69

Wann endet seine im Ausbildungsvertrag vereinbarte Probezeit spätestens?

(1) Am 30. September
(2) Am 31. Oktober
(3) Am 30. November
(4) Am 31. Dezember
(5) Am 31. Januar des Folgejahres

Aufgabe 70

Ralf Richter wird nicht nur im Warenhaus der MCC GmbH ausgebildet, sondern auch in der Berufsschule. Wie ist die korrekte Bezeichnung dieser Form der Ausbildung?

(1) Berufliche Grundbildung
(2) Berufliche Fortbildung
(3) Rahmenausbildung
(4) Duales System
(5) Überbetriebliche Ausbildung

Aufgabe 71

Im Sommer dieses Jahres nimmt der Auszubildende Ralf Richter an der Abschlussprüfung für Einzelhandelskaufleute teil. Am 15. Juli besteht er den letzten Teil der Abschlussprüfung und erhält hierüber eine Bescheinigung. Er möchte daraufhin sofort bei der MCC GmbH eine Stelle antreten. Wann kann er frühestens vom neuen Arbeitgeber eingestellt werden?

(1) Nach Einhaltung einer Kündigungsfrist von vier Wochen.
(2) Zum 1. Juli
(3) Zum 15. Juli

(4) Zum 16. Juli
(5) Zum 1. August

Aufgabe 72

Lena Krug absolviert derzeit eine Ausbildung zur Verkäuferin bei der MCC GmbH. Sie muss Tätigkeiten verrichten, die ihrer Meinung nach mit ihrer Ausbildung nichts zu tun haben und möchte sich informieren, ob dies zulässig ist. Welche Stelle ist für diese Frage zuständig?

(1) Die zuständige Gewerkschaft
(2) Die Industrie- und Handelskammer
(3) Die Bundesagentur für Arbeit
(4) Die Berufsgenossenschaft
(5) Der Einzelhandelsverband

Sachverhalt zu den Aufgaben 73–77

Die 17-jährige Anne Neumann absolviert im Warenhaus MCC GmbH eine Ausbildung zur Verkäuferin und steht unmittelbar vor der Abschlussprüfung.

Aufgabe 73

Am Tag vor der schriftlichen Prüfung möchte Anne Neumann unbedingt von der Arbeit freigestellt werden, um sich noch einmal intensiv auf die Abschlussprüfung vorzubereiten. Wie muss die MCC GmbH verfahren? Lesen Sie dazu auch den nachstehenden Gesetzestext.

(1) Die MCC GmbH muss Anne Neumann freistellen, es würde allerdings dafür ein Urlaubstag angerechnet.
(2) Die MCC GmbH kann Anne Neumann freistellen, wenn diese ein entsprechendes Polster an Überstunden hat, das sie „abfeiern" kann.
(3) Die MCC GmbH muss Anne Neumann nur dann freistellen, wenn der Prüfungstag ein Berufsschultag ist.
(4) Die MCC GmbH muss Anne Neumann freistellen, weil sie noch minderjährig ist.
(5) Die MCC GmbH ist nicht verpflichtet, Anne Neumann freizustellen.

§ **Auszug aus dem Jugendarbeitsschutzgesetz (JArbSchG)**

§ 10 Prüfungen und außerbetriebliche Ausbildungsmaßnahmen

(1) Der Arbeitgeber hat den Jugendlichen

1. für die Teilnahme an Prüfungen und Ausbildungsmaßnahmen, die aufgrund öffentlich-rechtlicher oder vertraglicher Bestimmungen außerhalb der Ausbildungsstätte durchzuführen sind,

2. an dem Arbeitstag, der der schriftlichen Abschlussprüfung unmittelbar vorangeht, freizustellen.

Aufgabe 74

Am 11. Juli besteht Anne Neumann auch den mündlichen Teil der Abschlussprüfung. Ihr Ausbildungsvertrag läuft bis zum 31. Juli. Ab wann kann Anne Neumann frühestens bei der MCC GmbH als Verkäuferin anfangen?

(1) Sie kann am 11. Juli bei der MCC GmbH antreten, da das Ausbildungsverhältnis mit bestandener Abschlussprüfung automatisch endet.
(2) Sie kann am 12. Juli bei der MCC GmbH antreten, da das Ausbildungsverhältnis mit bestandener Abschlussprüfung automatisch endet.
(3) Sie kann am 1. August bei der MCC GmbH antreten, da das Ausbildungsverhältnis zum 31. Juli endet.
(4) Zwar endet das Ausbildungsverhältnis zum 11. Juli, Anne Neumann kann allerdings erst zum nächsten Monatsanfang, also zum 1. August, ihre neue Stelle als Verkäuferin bei der MCC GmbH antreten.
(5) Wenn die IHK zustimmt, kann Anne Neumann bereits am 12. Juli ihre Stelle bei der MCC GmbH antreten.

Aufgabe 75

Anne Neumann interessiert sich für die Arbeitsschutzbestimmungen, die für sie gelten. Von welcher Institution kann sie entsprechende Informationen erhalten?

(1) Vom staatlichen Gesundheitsamt
(2) Von der zuständigen Gewerkschaft

(3) Vom Einzelhandelsverband
(4) Von der Berufsgenossenschaft
(5) Von der Bundesagentur für Arbeit

Aufgabe 76

Arbeitnehmern wird eine Reihe von Sozialversicherungsbeiträgen von ihrem Einkommen abgezogen.

Wonach richtet sich die Beitragshöhe der gesetzlichen Rentenversicherung?

(1) Nach der Höhe des Nettoeinkommens
(2) Nach der Höhe des Bruttoeinkommens
(3) Nach dem Familienstand
(4) Nach der Höhe der Lohnsteuer
(5) Nach der Lohnsteuerklasse

Aufgabe 77

Angenommen, Anne Neumann hat einen Arbeitsvertrag von der MCC GmbH erhalten. Aufgrund eines attraktiven Angebots eines anderen Warenhauses kündigt sie am 2. Oktober noch während der Probezeit. Wann ist ihr letzter Arbeitstag?

(1) Am 16. Oktober
(2) Am 30. Oktober
(3) Am 31. Oktober
(4) Eine Kündigung ist erst nach Ablauf der Probezeit möglich.
(5) Ein Wechsel zu einem Konkurrenzunternehmen ist erst nach ausdrücklicher Genehmigung der MCC GmbH möglich.

Aufgabe 78

Ein Auszubildender der MCC GmbH beabsichtigt, nach Beendigung seiner vertraglichen Ausbildungszeit in einem anderen Betrieb zu arbeiten. Was muss er im Hinblick auf das Kündigungsrecht beachten?

(1) Eine Kündigung ist nicht notwendig, da der Ausbildungsvertrag abgelaufen ist.
(2) Die Kündigung muss unverzüglich nach erfolgreichem Bestehen des mündlichen Teils der Abschlussprüfung und in schriftlicher Form erfolgen.
(3) Die Kündigung muss spätestens drei Monate vor Ablauf des Berufsausbildungsvertrages in schriftlicher Form erfolgen.

(4) Die Kündigung muss spätestens drei Monate vor Ablauf des Berufsausbildungsvertrages in mündlicher Form erfolgen.
(5) Die Kündigung muss vier Wochen vor Monatsmitte oder -ende erfolgen.

Aufgabe 79

Wer schließt einen Tarifvertrag ab?

(1) Die Industrie- und Handelskammer mit den Gewerkschaften
(2) Das Wirtschaftsministerium mit den Unternehmen
(3) Die Arbeitgeberverbände mit den Arbeitnehmerverbänden
(4) Die Geschäftsleitung mit dem Betriebsrat
(5) Ein Arbeitgeber mit jedem seiner Arbeitnehmer

Aufgabe 80

Welche der folgenden Handlungen rechtfertigt eine fristlose Kündigung?

(1) Ein schwer erkrankter Mitarbeiter befindet sich seit acht Wochen im Krankenstand.
(2) Ein Mitarbeiter hat sich bei einem Konkurrenzunternehmen beworben, ohne den eigenen Arbeitgeber zu informieren.
(3) Ein Mitarbeiter hat aufgrund einer alkoholisierten Autofahrt seinen Führerschein verloren.
(4) Ein Mitarbeiter hat in der Kantine einen Kollegen tätlich angegriffen.
(5) Ein Mitarbeiter versucht, gegen den Willen der Geschäftsleitung einen Betriebsrat zu gründen.

Sachverhalt zu den Aufgaben 81–82

In der MCC GmbH sind u. a. folgende Personen beschäftigt:

Frau Beetz, 16 Jahre, Auszubildende in der Probezeit

Herr Echtler, 19 Jahre, Auszubildender im 3. Ausbildungsjahr

Frau Mahnke, 26 Jahre, seit vier Monaten beschäftigt, befristeter Arbeitsvertrag

Frau Pittner, 36 Jahre, Assistentin des Geschäftsführers, alleinerziehende Mutter von drei Kindern

Frau Wolfschmidt, 41 Jahre, Prokuristin

Aufgabe 81

Für welchen der Mitarbeiterinnen und Mitarbeiter gilt ein besonderer gesetzlicher Kündigungsschutz?

(1) Frau Beetz
(2) Herr Echtler
(3) Frau Mahnke
(4) Frau Pittner
(5) Frau Wolfschmidt

Aufgabe 82

Welche Aussage entspricht den gesetzlichen Bestimmungen zum Arbeitsvertrag von Frau Mahnke?

(1) Der befristete Arbeitsvertrag mit Frau Mahnke ist unzulässig, weil er nicht im Einklang mit den gesetzlichen Kündigungsschutzbestimmungen steht.
(2) Im befristeten Arbeitsvertrag mit Frau Mahnke wurde bereits beim Abschluss festgehalten, wann das Arbeitsverhältnis endet.
(3) Die maximale Anzahl der befristeten Arbeitsverträge je Unternehmen wird von der Bundesagentur für Arbeit festgelegt.
(4) Der befristete Arbeitsvertrag verlängert sich automatisch, wenn keine ausdrückliche Kündigung erfolgt.
(5) Aufgrund der Befristung des Arbeitsverhältnisses kann Frau Mahnke nicht fristlos gekündigt werden.

Aufgabe 83

Wer finanziert eine Umschulungsmaßnahme, wenn ein Mitarbeiter aufgrund der Insolvenz seines Betriebes arbeitslos geworden ist?

(1) Die Industrie- und Handelskammer
(2) Der Betrieb, der die Umschulungsmaßnahme durchführt
(3) Der Betrieb, der die Umschulungsmaßnahme durchführt und die Bundesagentur für Arbeit je zur Hälfte
(4) Die Bundesagentur für Arbeit
(5) Die Berufsgenossenschaft

Aufgabe 84

Die Auszubildende Nicole Schneider ist 17 Jahre alt und seit sechs Monaten bei der MCC GmbH beschäftigt. Am Montag beginnt ihre Arbeitszeit um 08:00 Uhr und endet um 17:00 Uhr. Prüfen Sie anhand des nachfolgenden Auszugs aus dem Jugendarbeitsschutzgesetz, wann sie spätestens eine Pause machen muss.

(1) Um 09:00 Uhr
(2) Um 12:00 Uhr
(3) Um 12:30 Uhr
(4) Um 13:00 Uhr
(5) Um 13:30 Uhr

§ **Auszug aus dem JArbSchG**

§ 11 Ruhepausen, Aufenthaltsräume

(1) Jugendlichen müssen im Voraus feststehende Ruhepausen von angemessener Dauer gewährt werden. Die Ruhepausen müssen mindestens betragen

1. 30 Minuten bei einer Arbeitszeit von mehr als viereinhalb bis zu sechs Stunden,
2. 60 Minuten bei einer Arbeitszeit von mehr als sechs Stunden.

Als Ruhepause gilt nur eine Arbeitsunterbrechung von mindestens 15 Minuten.

(2) Die Ruhepausen müssen in angemessener zeitlicher Lage gewährt werden, frühestens eine Stunde nach Beginn und spätestens eine Stunde vor Ende der Arbeitszeit. Länger als viereinhalb Stunden hintereinander dürfen Jugendliche nicht ohne Ruhepause beschäftigt werden.

Aufgabe 85

In welchem der folgenden Fälle liegt ein Verstoß gegen das Berufsbildungsgesetz vor?

(1) Eine Auszubildende erhält vom Ausbildungsbetrieb keine Kostenerstattung für die Reinigung ihrer Berufskleidung.
(2) Der Ausbildungsbetrieb verweigert einer Auszubildenden einen zusammenhängenden Jahresurlaub von vier Wochen.
(3) Der Ausbildungsbetrieb beschäftigt eine Auszubildende von Montag bis Freitag jeweils acht Stunden täglich.
(4) Der Ausbildungsbetrieb verweigert einer Auszubildenden die Teilnahme am Berufsschulunterricht.
(5) Der Ausbildungsbetrieb verweigert einer Auszubildenden den Ersatz des Materialgeldes, der für den Berufsschulunterricht angefallen ist.

Aufgabe 86

In welchem der folgenden Fälle kann die MCC GmbH den unbefristeten Arbeitsvertrag eines Verkäufers ohne Einhaltung einer Kündigungsfrist rechtswirksam lösen?

(1) Bei fortwährender, grundloser Arbeitsverweigerung
(2) Bei dauerhaft schlechten Verkaufsergebnissen
(3) Bei einer mindestens sechswöchigen Abwesenheit wegen Krankheit
(4) Auf Antrag des zuständigen Abteilungsleiters
(5) Aufgrund einer Rationalisierungsmaßnahme, die mit einem allgemeinen Personalabbau verbunden ist.

Aufgabe 87

Das Warenhaus MCC GmbH sucht einen Mitarbeiter für den Verkauf. Einstellungsdatum: 1. August. Tobias Schmidt, der in einem ungekündigten Angestelltenverhältnis bei einer anderen Firma tätig ist, hatte sich beworben. Die Einstellungszusage erhielt er am 18. Juni. Kann er – unter Wahrung der gesetzlichen Kündigungsfrist – die neue Stelle am 1. August antreten?

(1) Nein, weil die Kündigungsfrist von vier Wochen zum 15. Juli einzuhalten ist.
(2) Nein, weil spätestens sechs Wochen vorher gekündigt werden muss.
(3) Nein, weil die Kündigungsfrist von sechs Wochen zum 15. Juli einzuhalten ist.
(4) Ja, weil die Kündigungsfrist von vier Wochen zum 15. Juli eingehalten wurde.
(5) Ja, weil eine Kündigung vier Wochen vorher zum Monatsende der gesetzlichen Kündigungsfrist entspricht.

Aufgabe 88

Ein Mitarbeiter der MCC GmbH wird ab sofort bis auf weiteres krankgeschrieben. Wie lange muss die MCC GmbH das Gehalt dieses Mitarbeiters weiterzahlen?

(1) Ohne zeitliche Begrenzung
(2) Einen Monat
(3) Sechs Wochen
(4) Drei Monate
(5) Sechs Monate

Aufgabe 89

Welche der folgenden Beschäftigungsgruppen genießt einen besonderen Kündigungsschutz?

(1) Angestellte
(2) Auszubildende
(3) Ausbilder
(4) Weibliche Mitarbeiter
(5) Mitarbeiter, die das 50. Lebensjahr bereits vollendet haben

Aufgabe 90

Die Anzahl der Bandscheibenvorfälle ist in den letzten Jahren nach Auskunft der Berufsgenossenschaft stetig angestiegen. Welche der folgenden Tätigkeiten ist mit besonderen Gesundheitsgefahren für die Wirbelsäule verbunden?

(1) Erstellen der Kassenabrechnung
(2) Telefonate mit Kunden
(3) Langes Sitzen im PKW oder LKW
(4) Benutzung von Leitern
(5) Beratung von Kunden

Sachverhalt zu den Aufgaben 91–93

Frau Anna Schneider ist 41 Jahre alt und seit dem 1. Januar diesen Jahres bei der MCC GmbH als Verkäuferin beschäftigt. Am 1. März, also zwei Monate nach ihrem Eintritt in das Unternehmen, wird in der MCC GmbH ein neuer Betriebsrat gewählt. Frau Schneider hat sich den nachstehenden Gesetzesauszug beschafft, um sich über die anstehende Betriebsratswahl zu informieren.

§ **Erster Abschnitt: Zusammensetzung und Wahl des Betriebsrats**

§ 7 Wahlberechtigung

Wahlberechtigt sind alle Arbeitnehmer des Betriebs, die das 18. Lebensjahr vollendet haben. ...

§ 8 Wählbarkeit

(1) Wählbar sind alle Wahlberechtigten, die sechs Monate dem Betrieb angehören oder als in Heimarbeit Beschäftigte in der Hauptsache für den Betrieb gearbeitet haben. ...

Aufgabe 91

Aus welchem Gesetz stammt dieser Auszug?

(1) HGB (Handelsgesetzbuch)
(2) BGB (Bürgerliches Gesetzbuch)
(3) BetrVG (Betriebsverfassungsgesetz)
(4) BBiG (Berufsbildungsgesetz)
(5) TVG (Tarifvertragsgesetz)

Aufgabe 92

Ist Anna Schneider bei der Betriebsratswahl wahlberechtigt?

(1) Ja, aber nur unter der Voraussetzung, dass sie auch Mitglied der Gewerkschaft ist.
(2) Ja, aber nur unter der Voraussetzung, dass die Geschäftsleitung zustimmt.
(3) Ja, da sie volljährig ist.
(4) Nein, weil sie die Altershöchstgrenze bereits überschritten hat.
(5) Nein, weil sie noch nicht lange genug bei der MCC GmbH beschäftigt ist.

Aufgabe 93

Ist Anna Schneider bei der Betriebsratswahl wählbar?

(1) Ja, aber nur unter der Voraussetzung, dass sie auch Mitglied der Gewerkschaft ist.
(2) Ja, aber nur unter der Voraussetzung, dass die Geschäftsleitung zustimmt.
(3) Ja, da sie volljährig ist.
(4) Nein, weil sie die Altershöchstgrenze bereits überschritten hat.
(5) Nein, weil sie noch nicht lange genug bei der MCC GmbH beschäftigt ist.

Aufgabe 94

Welche der folgenden Regelungen ist dem Betriebsverfassungsgesetz entnommen?

(1) Rechtsgeschäfte, die von beschränkt Geschäftsfähigen abgeschlossen wurden, sind grundsätzlich schwebend unwirksam.
(2) Der Arbeitnehmer hat das Recht, die über ihn geführte Personalakte einzusehen.
(3) Das Arbeitsverhältnis eines Arbeitnehmers kann mit einer Frist von vier Wochen zum 15. oder zum Ende eines Kalendermonats gekündigt werden.

(4) Die Kündigung eines Mitglieds eines Betriebsrats oder einer Jugend- und Auszubildendenvertretung ist grundsätzlich unzulässig.
(5) Jugendliche dürfen nicht mehr als acht Stunden täglich und nicht mehr als 40 Stunden wöchentlich beschäftigt werden.

Aufgabe 95

Der 16-jährige Leon Ulsamer, Auszubildender der MCC GmbH, möchte bei der Geschäftsleitung einen eigenen Pausenraum für Auszubildende beantragen. In der MCC GmbH gibt es sowohl einen Betriebsrat als auch eine Jugend- und Auszubildendenvertretung. Wer ist der richtige Ansprechpartner für den Auszubildenden?

(1) Die zuständige Gewerkschaft, die dann mit diesem Anliegen an die Geschäftsleitung herantritt.
(2) Die Jugend- und Auszubildendenvertretung, die dann das Anliegen gemeinsam mit der zuständigen Gewerkschaft durchzusetzen versucht.
(3) Die Jugend- und Auszubildendenvertretung, die dann das Anliegen gemeinsam mit dem örtlichen Betriebsrat durchzusetzen versucht.
(4) Der Betriebsrat, der das Anliegen dann über die Jugend- und Auszubildendenvertretung durchzusetzen versucht.
(5) Die Geschäftsleitung, die das Anliegen dann dem örtlichen Betriebsrat vorträgt.

Aufgabe 96

In der MCC GmbH gibt es auch eine Jugend- und Auszubildendenvertretung. Welche Vorteile dürfen sich die Jugendlichen und Auszubildenden, die in der MCC GmbH beschäftigt sind, davon erwarten?

(1) Die Jugend- und Auszubildendenvertretung vertritt die Interessen der Jugendlichen und Auszubildenden bei den Verhandlungen über die Ausbildungsvergütung, die sie mit der Geschäftsleitung führt.
(2) Die Auszubildenden können über die Jugend- und Auszubildendenvertretung bezüglich der Inhalte ihrer Ausbildung mitbestimmen.
(3) Die in der MCC GmbH beschäftigten jugendlichen Arbeitnehmer und Auszubildenden unter 25 Jahren haben dadurch einen Ansprechpartner in ihrem Alter, der ihre Anliegen an den Betriebsrat weiterleitet.

(4) Die Mitglieder der Jugend- und Auszubildendenvertretung können an den Sitzungen des Betriebsrates teilnehmen und in allen Angelegenheiten mitbestimmen.
(5) Mitglieder der Jugend- und Auszubildendenvertretung können sich auch in den Betriebsrat wählen lassen, um dort bei allen Angelegenheiten des Betriebes mitzubestimmen.

Aufgabe 97

Welche Maßnahmen können eingeleitet werden, wenn die Tarifpartner bei den Tarifverhandlungen keine Einigkeit erzielen?

(1) Streik und Aussperrung
(2) Streik und Kündigung
(3) Entlassungen und Neueinstellungen
(4) Warnstreik und Schlichtung
(5) Kündigung und Aussperrung

Aufgabe 98

Ein Vertreter der Gewerbeaufsichtsbehörde überprüft die MCC GmbH. Welcher Sachverhalt wird kontrolliert?

(1) Die Einhaltung des Tarifvertrags
(2) Die korrekte Abführung der Sozialversicherungsbeiträge
(3) Die Einhaltung der Bestimmungen des Jugendarbeitsschutzgesetzes
(4) Die Einhaltung des Ausbildungsplanes bei den Auszubildenden
(5) Die Einhaltung der unverbindlichen Preisempfehlungen der Hersteller

Aufgabe 99

In welchem der folgenden Fälle hat der Betriebsrat der MCC GmbH ein Mitbestimmungsrecht nach dem Betriebsverfassungsgesetz?

(1) Ein Verkäufer soll wegen eines Diebstahls entlassen werden.
(2) Der Geschäftsführer erstellt einen neuen Personaleinsatzplan für die nächsten sechs Monate.
(3) Die Geschäftsleitung führt eine neue Pausenregelung für die Mitarbeiter ein.
(4) Die Geschäftsleitung der MCC GmbH gibt den Mitarbeitern ein neues Umsatzziel vor.
(5) Die MCC GmbH besetzt die Stelle des Geschäftsführers neu.

Aufgabe 100

Die Belegschaft der MCC GmbH möchte eine Betriebsversammlung durchführen. Entscheiden Sie anhand des unten abgebildeten Gesetzesauszugs, welche Voraussetzung dafür gegeben sein muss.

(1) Es muss ein gewählter Betriebsrat vorhanden sein, dem dann auch die Durchführung der Betriebsversammlung obliegt.
(2) Es müssen mindestens fünf volljährige Mitarbeiter eine Betriebsversammlung beantragen.
(3) Eine Betriebsversammlung kann erst nach der Genehmigung durch die Geschäftsführung durchgeführt werden.
(4) Eine Betriebsversammlung kann erst ab einer Beschäftigtenzahl von 200 Mitarbeitern durchgeführt werden.
(5) Die Mitarbeiter, die die Betriebsversammlung organisieren, müssen gewerkschaftlich organisiert sein.

§ **Auszug aus dem Betriebsverfassungsgesetz**

§ 42 Zusammensetzung, Teilversammlung, Abteilungsversammlung

(1) Die Betriebsversammlung besteht aus den Arbeitnehmern des Betriebs; sie wird von dem Vorsitzenden des Betriebsrates geleitet. Sie ist nicht öffentlich. Kann wegen der Eigenart des Betriebs eine Versammlung aller Arbeitnehmer zum gleichen Zeitpunkt nicht stattfinden, so sind Teilversammlungen durchzuführen.

(2) Arbeitnehmer organisatorisch und räumlich abgegrenzter Betriebsteile sind vom Betriebsrat zu Abteilungsversammlungen zusammenzufassen, wenn dies für die Erörterung der besonderen Belange der Arbeitnehmer erforderlich ist. Die Abteilungsversammlung wird von einem Mitglied des Betriebsrats geleitet, das möglichst einem beteiligten Betriebsteil als Arbeitnehmer angehört. Absatz 1 Satz 2 und 3 gilt entsprechend.

§ 43 Regelmäßige Betriebs und Abteilungsversammlung

(1) Der Betriebsrat hat einmal in jedem Kalendervierteljahr eine Betriebsversammlung einzuberufen und in ihr einen Tätigkeitsbericht zu erstatten. Liegen die Voraussetzungen des § 42 Abs. 2 Satz 1 vor, so hat der Betriebsrat in jedem Kalenderjahr zwei der in Satz 1 genannten Betriebsversammlungen als Abteilungsversammlungen durchzuführen.

Aufgabe 101

Angenommen, die MCC GmbH beruft eine Betriebsversammlung ein. Welcher Personenkreis ist berechtigt, an der Betriebsversammlung teilzunehmen?

(1) Alle Vollzeitmitarbeiter und die Geschäftsführung
(2) Alle in der Gewerkschaft organisierten Mitarbeiter
(3) Alle Vollzeitmitarbeiter, alle Auszubildenden und die Geschäftsführung
(4) Alle Arbeitnehmer des Unternehmens und die Geschäftsführung
(5) Alle Betriebsratsmitglieder und die Geschäftsführung

Aufgabe 102

Welches Recht steht dem Prokuristen zu?

(1) Inventar und Bilanz unterschreiben
(2) Gesellschafter aufnehmen
(3) Handlungsvollmacht erteilen
(4) Prokura erteilen
(5) Verkauf der Unternehmung

Aufgabe 103

Wozu berechtigt eine Artvollmacht?

(1) Zur Durchführung aller Arten gewöhnlicher Rechtshandlungen der Branche
(2) Zur Durchführung aller Arten gewöhnlicher und außergewöhnlicher Rechtshandlungen der Branche
(3) Zur Durchführung bestimmter Arten wiederkehrender, gewöhnlicher Rechtsgeschäfte
(4) Zur Durchführung einzelner Rechtsgeschäfte
(5) Zur gerichtlichen Vertretung.

Aufgabe 104

Welches Recht erwirbt ein Kaufmann mit der Eintragung in das Handelsregister?

(1) Das Recht auf Einstellen von Mitarbeitern
(2) Das Recht auf Abschließen von Kaufverträgen
(3) Das Recht auf das Eingehen von Verbindlichkeiten
(4) Das Recht auf Erteilen einer Prokura
(5) Das Recht auf Erteilen einer Handlungsvollmacht

Aufgabe 105

Welche der folgenden Leistungen fällt in den Zuständigkeitsbereich der gesetzlichen Krankenversicherung?

(1) Zahlung von Schlechtwettergeld
(2) Zahlung von Übergangsgeld im Rahmen einer Umschulungsmaßnahme
(3) Zahlung einer Unfallrente bei einem Unfall auf dem Arbeitsweg
(4) Zahlung von Elterngeld
(5) Zahlung von Krankengeld

Aufgabe 106

Von welcher Stelle erhält man erstmals einen Versicherungsausweis der gesetzlichen Rentenversicherung?

(1) Vom Einwohnermeldeamt
(2) Von der Bundesagentur für Arbeit
(3) Von der Deutschen Rentenversicherung
(4) Vom Arbeitgeber
(5) Von der Industrie- und Handelskammer

Aufgabe 107

Welche Beiträge werden dem sozialversicherungspflichtigen Arbeitnehmer nicht vom Gehalt abgezogen?

(1) Beiträge zur gesetzlichen Rentenversicherung
(2) Beiträge zur gesetzlichen Arbeitslosenversicherung
(3) Beiträge zur gesetzlichen Unfallversicherung
(4) Beiträge zur gesetzlichen Pflegeversicherung
(5) Beiträge zur gesetzlichen Krankenversicherung

Aufgabe 108

Karl Friedmann ist steuerpflichtiger Arbeitnehmer. Im Februar des Jahres liegt seine Steueridentifikationsnummer immer noch nicht vor. Wie ist bei der Gehaltsabrechnung zu verfahren?

(1) Es muss unabhängig von der Höhe des Monatsgehaltes der höchste Prozentsatz entsprechend der Einkommenssteuertabelle einbehalten werden.
(2) Die Lohnsteuerberechnung erfolgt auch weiterhin in der Höhe des abgelaufenen Beschäftigungsjahres.

(3) Die Lohnsteuer wird – ohne Berücksichtigung des Familienstandes und ggf. vorhandener Kinder – nach der Lohnsteuerklasse II berechnet.
(4) Das Gehalt kann erst ausgezahlt werden, wenn die Steueridentifikationsnummer vorliegt.
(5) Die Lohnsteuer muss nach der Lohnsteuerklasse VI berechnet werden.

Aufgabe 109

Welche der folgenden Ausgaben können Sie bei Ihrer Steuererklärung als Werbungskosten berücksichtigen?

(1) Beiträge für eine Lebensversicherung
(2) Beiträge für eine private Pflegezusatzversicherung
(3) Beiträge für die gesetzliche Krankenversicherung
(4) Kosten für Fachliteratur
(5) Kosten für die Unterstützung eines bedürftigen Verwandten

Aufgabe 110

Wohin muss die MCC GmbH die Beiträge für die Arbeitslosenversicherung abführen?

(1) An die Deutsche Rentenversicherung Bund
(2) An die Berufsgenossenschaft
(3) An die jeweilige gesetzliche Krankenkasse
(4) An die Bundesagentur für Arbeit
(5) An die Industrie- und Handelskammer

Aufgabe 111

Die MCC GmbH schreibt eine neue Stelle aus. Dazu schaltet sie eine entsprechende Anzeige in einer Fachzeitschrift. Welche der folgenden Feststellungen trifft für die neue Einstellung zu?

(1) Es können grundsätzlich nur Bewerbungen mit Originalzeugnissen berücksichtigt werden.
(2) Der Lebenslauf der Bewerbung muss grundsätzlich handschriftlich vorliegen.
(3) Stellenanzeigen dürfen nur nach vorheriger Zustimmung des Betriebsrates geschaltet werden.
(4) Die Bedingungen eines Einzelarbeitsvertrages dürfen für Arbeitnehmer nicht ungünstiger sein, als die des allgemein verbindlichen Tarifvertrages.

(5) Die Einstellung neuer Mitarbeiter muss vorher grundsätzlich vom zuständigen Arbeitsamt genehmigt werden.

Aufgabe 112

Das Warenhaus MCC GmbH entwickelt einen Personalfragebogen, den Bewerber im Rahmen des Einstellungsverfahrens beantworten sollen. Welche der folgenden Aussagen trifft zu?

(1) Ein Personalfragebogen darf grundsätzlich keine Frage nach einer eventuellen Gewerkschaftszugehörigkeit enthalten.
(2) Eine Beteiligung des Betriebsrates ist für die Erstellung eines Personalfragebogens nicht erforderlich.
(3) Ein Personalfragebogen darf grundsätzlich keine Fragen zur Person beinhalten.
(4) Ein Personalfragebogen darf grundsätzlich keine Fragen zu besuchten Fortbildungsveranstaltungen enthalten.
(5) Ein Personalfragebogen darf grundsätzlich keine Frage zum aktuellen Familienstand der Person beinhalten.

4. Arbeitssicherheit und Umweltschutz

Aufgabe 113

Sie bemerken im Ausbildungsbetrieb den Ausbruch eines Brandes (Feuer und Rauch). Wie gehen Sie sinnvollerweise vor? Bringen Sie die folgenden Schritte in die richtige Reihenfolge, indem Sie die Ziffern 1 bis 5 in die Kästchen neben den Vorgehensweisen eintragen.

Sie betätigen schnellstmöglich den Feuermelder.	2
Sie schließen Fenster und Türen und setzen, soweit möglich, vorhandene Feuerlöschgeräte ein.	4
Sie bewahren zunächst Ruhe verschaffen sich einen Überblick über die Situation.	1
Sie setzen einen Notruf mit entsprechenden Informationen an die Zentrale ab.	3
Sie weisen die Feuerwehr ein, sobald diese eintrifft.	5

Aufgabe 114

In einer betriebsinternen Unterweisung der MCC GmbH werden die neuen Mitarbeiter über die betrieblichen Unfallverhütungsvorschriften informiert. Durch welche der unten stehenden Hinweise für Mitarbeiter sollen Unfälle durch bzw. mit Kunden vermieden werden?

(1) „Nutzen Sie die Personaltoilette und nicht die Kundentoilette!"
(2) „Sorgen Sie für die Beseitigung verschütteter Flüssigkeiten oder heruntergefallener Lebensmittelreste!"
(3) „Füllen Sie leicht entzündliche Flüssigkeiten niemals in Trinkgefäße!"
(4) „Entleeren Sie Aschenbecher nicht in Papierkörbe!"
(5) „Essen und trinken Sie nur in den dafür vorgesehenen Personalräumen!"

Aufgabe 115

Im Warenhaus der MCC GmbH befinden sich auch Notausgänge. Welche der unten stehenden Aussagen über Notausgänge ist nach den Unfallverhütungsvorschriften zutreffend?

(1) In die Rettungswege zu den Notausgängen dürfen nur rollbare Container außerhalb der Ladenöffnungszeiten gestellt werden.
(2) Notausgänge dürfen von innen abgeschlossen werden, wenn die Türschlüssel griffbereit aufbewahrt werden.
(3) Eine Kennzeichnung der Ausgänge als „Notausgänge" ist nicht nötig, wenn alle Mitarbeiter sachgemäß unterrichtet worden sind.
(4) Notausgänge müssen nur in Räumen vorhanden sein, in denen leicht brennbare Gegenstände gelagert werden.
(5) Notausgänge müssen – auch wenn sie von außen abgeschlossen wurden – von innen grundsätzlich mit einer speziellen Klinke leicht zu öffnen sein.

Aufgabe 116

Piktogramme auf den Verpackungen der Produkte geben dem Verbraucher wertvolle Hinweise. Welches der abgebildeten Piktogramme bedeutet, dass das Produkt recycelt werden kann?

1	2	3	4	5

Aufgabe 117

Welche der folgenden Betriebsanweisungen zur Unfallverhütung bezieht sich speziell auf den Brandschutz?

(1) „Füllen Sie giftige Flüssigkeiten niemals in Trinkgefäße!"
(2) „Sorgen Sie für die zügige Beseitigung verschütteter Flüssigkeiten oder heruntergefallener Lebensmittelreste!"
(3) „Bewahren Sie in Räumen, in denen Gefahrstoffe gelagert werden, niemals Nahrungsmittel auf!"
(4) „Entleeren Sie Aschenbecher nicht in Papierkörbe!"
(5) „Fluchtwege freihalten!"

Aufgabe 118

Das in der MCC GmbH verwendete Kopierpapier trägt auf der Verpackung den sogenannten „Blauen Engel", da es zu 100 % aus Altpapier hergestellt wurde. Welches umweltpolitische Ziel wird über den Einsatz dieses Papiers unterstützt?

(1) Reduzierung des Energieverbrauchs der MCC GmbH
(2) Reduzierung des Papierverbrauchs der MCC GmbH
(3) Reduzierung des Tonerverbrauchs der Kopierer der MCC GmbH
(4) Reduzierung des Rohstoffverbrauchs bei der Papierherstellung
(5) Reduzierung der Entsorgungskosten der MCC GmbH

Aufgabe 119

Welche Regelung entspricht den Unfallverhütungsvorschriften eines Einzelhandelsunternehmens wie der MCC GmbH?

(1) Jeder Mitarbeiter ist verpflichtet, im Verkaufsraum Sicherheitskleidung zu tragen.
(2) Jeder Mitarbeiter ist verpflichtet, eine Ausbildung in Erster Hilfe zu durchlaufen.
(3) Jeder Mitarbeiter ist verpflichtet, Sicherheitsmängel an Arbeitsgeräten schnellstmöglich und selbstständig zu beseitigen.

(4) Jeder Mitarbeiter ist verpflichtet, auch Arbeitsunfälle mit kleineren Verletzungen unverzüglich zu melden.
(5) Jeder Mitarbeiter ist verpflichtet, während der Arbeitszeit Sicherheitsschuhe zu tragen.

Aufgabe 120

Wer ist für den Erlass der Unfallverhütungsvorschriften im Einzelhandel zuständig?

(1) Die Industrie und Handelskammer
(2) Die Bundesagentur für Arbeit
(3) Der Einzelhandelsverband
(4) Die Berufsgenossenschaft
(5) Das Gesundheitsamt

Aufgabe 121

Welche der folgenden Aussagen ist zutreffend?

(1) Die MCC GmbH ist als Einzelhandelsunternehmen verpflichtet, Tragetaschen mit dem „Grünen Punkt" zurückzunehmen.
(2) Die MCC GmbH ist als Einzelhandelsunternehmen nicht verpflichtet, Tragetaschen mit dem „Grünen Punkt" zurückzunehmen.
(3) Die MCC GmbH ist als Einzelhandelsunternehmen verpflichtet, jede Verkaufsverpackung zurückzunehmen.
(4) Die MCC GmbH ist als Einzelhandelsunternehmen verpflichtet, Informationsschilder über die Rücknahme von Verpackungsmaterial mit dem „Grünen Punkt" in den Geschäftsräumen aufzustellen.
(5) Die MCC GmbH ist als Einzelhandelsunternehmen nicht verpflichtet, sogenannte Serviceverpackungen zurückzunehmen, wenn der „ Grüne Punkt" fehlt.

Aufgabe 122

Sie entdecken im Nebenraum einen Kabelbrand. Was dürfen Sie auf keinen Fall tun?

(1) Sie holen sich einen Eimer Wasser und löschen das Feuer.
(2) Sie nehmen sich einen Feuerlöscher und löschen das Feuer.
(3) Sie betätigen einen Feuermelder und lösen somit Feueralarm aus.
(4) Sie melden das Feuer an die Telefonzentrale.
(5) Sie alarmieren über ihr Handy die Feuerwehr.

Aufgabe 123

Welche der folgenden Maßnahmen ist geeignet, die Verpackungsmengen des Warenhauses MCC GmbH umweltbewusst zu vermindern?

(1) Die MCC GmbH verzichtet soweit möglich auf Umverpackungen.
(2) Es werden Sammelcontainer zur getrennten Verpackungsmaterialsammlung aufgestellt.
(3) Das Verpackungsmaterial wird im Inland statt im Ausland recycelt.
(4) Das Verpackungsmaterial wird in Hochtemperaturöfen umweltgerecht verbrannt.
(5) Mehrwegflaschen werden durch die billigeren Einwegflaschen ersetzt.

Aufgabe 124

Nach Auskunft der Berufsgenossenschaft ist die Anzahl der Bandscheibenvorfälle in den letzten Jahren stetig angestiegen. Bei welchen der folgenden Tätigkeiten hat die MCC GmbH ihre Mitarbeiter auf die besonderen Gesundheitsgefahren für die Wirbelsäule hinzuweisen?

(1) Beratung von Kunden
(2) Umgang mit Gefahrstoffen
(3) Manuelles Anheben von Lasten
(4) Benutzung von Leitern
(5) Kassieren

Aufgabe 125

Im Rahmen des Ideenwettbewerbs „Kosten senken durch Energiesparen" machen die Mitarbeiter der MCC GmbH verschiedene Vorschläge. Welcher der Vorschläge ist am besten geeignet?

(1) Die Schaufensterbeleuchtung kann zwischen 20:00 Uhr und 07:00 Uhr ausgeschaltet werden.
(2) Am verkaufsschwächeren Vormittag können die Rolltreppen abgestellt und die Kunden auf die Treppen hingewiesen werden.
(3) Lieferungen an die Kunden sollten abgeschafft und dafür Waren zur Selbstabholung angeboten werden.
(4) Durch Elimination aller Tiefkühlprodukte aus dem Sortiment können die energieintensiven Kühltruhen entfernt werden.
(5) Die Temperatur in den Verkaufsräumen kann während der Ladenöffnungszeiten auf 17 °C gesenkt werden.

Aufgabe 126

Aus welchem Gesetzestext ist der nachstehend abgebildete Gesetzesauszug entnommen?

(1) Umweltschutzgesetz
(2) Produkthaftungsgesetz
(3) Gesetz gegen den unlauteren Wettbewerb
(4) Handelsgesetzbuch
(5) Bürgerliches Gesetzbuch

> § ...
>
> (1) „Wird durch den Fehler eines Produkts jemand getötet, sein Körper oder seine Gesundheit verletzt oder eine Sache beschädigt, so ist der Hersteller des Produkts verpflichtet, dem Geschädigten den daraus entstehenden Schaden zu ersetzen. Im Falle der Sachbeschädigung gilt dies nur, wenn eine andere Sache als das fehlerhafte Produkt beschädigt wird und diese andere Sache ihrer Art nach gewöhnlich für den privaten Ge- oder Verbrauch bestimmt und hierzu von dem Geschädigten hauptsächlich verwendet worden ist."

Aufgabe 127

Die MCC GmbH räumt dem ressourcenschonenden Wirtschaften einen sehr hohen Stellenwert ein. Mit welcher der folgenden Maßnahmen kann die Verpackungsmengen umweltbewusst vermindert werden?

(1) Verbrennen des Verpackungsmaterials in Hochtemperaturöfen
(2) Aufstellen von Sammelcontainern zur getrennten Verpackungsmaterialsammlung
(3) Recycling von Verpackungsmaterial im Inland statt im Ausland
(4) Verzicht auf Umverpackungen
(5) Austausch von Mehrwegflaschen durch günstigere Einwegflaschen

B

KAUFMÄNNISCHE HANDELSTÄTIGKEIT

1. Arbeitsmethoden

Aufgabe 128

Für das anstehende Weihnachtsgeschäft möchte die MCC GmbH auf ihr Spielwarensortiment aufmerksam machen. Für Planung und Vorbereitung verschiedener Aktionen wird ein Team gebildet, bei dem Sie mitarbeiten.

Erläutern Sie drei Voraussetzungen für erfolgreiche Teamarbeit.

Aufgabe 129

Teamarbeit bietet viele Vorteile. Es können jedoch auch Konflikte auftreten.

Geben Sie drei Maßnahmen an, die der Entstehung von Konflikten vorbeugen können.

Aufgabe 130

Das Sortiment des Warenhauses MCC soll auf den Prüfstand gestellt werden. Dazu wird ein Team gebildet, in dem Sie mitarbeiten. Zur Vorbereitung auf die nächste Teamsitzung lesen Sie sich einen 20-seitigen Artikel zum Thema Sortimentsgestaltung durch, den Sie aus einer Fachzeitschrift kopiert haben.

Beschreiben Sie anhand von vier Stichpunkten, wie Sie beim Markieren und Zusammenfassen eines Textes vorgehen.

Aufgabe 131

Die MCC GmbH ist ein Warenhaus mit Vollsortiment. Sie sollen Ihre Vorgesetzte bei sortimentspolitischen Entscheidungen unterstützen. Ihre Vorgesetzte beauftragt Sie, zunächst einige unternehmensinterne Informationsquellen auszuwerten, um einen ersten Überblick zu bekommen.

Nennen Sie vier unternehmensinterne Informationsquellen, die in digitaler Form vorliegen.

Aufgabe 132

Ihr Vorgesetzter gibt Ihnen im Rahmen eines Mitarbeitergesprächs ein Feedback zu Ihrer Arbeit der letzten sechs Monate.

Nennen Sie vier Regeln, die Sie als Feedback-Nehmer beachten sollten.

Aufgabe 133

Die Geschäftsleitung der MCC GmbH beauftragt ein Projektteam, ein neues Werbekonzept zu entwickeln. Auch Sie werden in das Team eingebunden. Nachdem Sie ein erstes Grobkonzept erarbeitet haben, werden Sie damit beauftragt, eine Präsentation für die Geschäftsleitung vorzubereiten.

Nennen Sie sechs Aspekte, die Sie bei der Vorbereitung und der Durchführung Ihrer Präsentation zu beachten haben.

Aufgabe 134

Sie arbeiten in einem Team, das die Aufgabe hat, die Sortimentsstruktur der MCC GmbH zu analysieren und optimieren. Geben Sie vier Vorteile an, die die Arbeit in einem Team für die Bewältigung dieser Aufgabenstellung bringt.

Aufgabe 135

Nach einer Teamsitzung geben sich die Teammitglieder gegenseitig Feedback zu ihrer bisherigen Arbeit. Erläutern Sie vier Feedback-Regeln, die der Feedback-Geber beachten sollte.

Aufgabe 136

Eine Kundin des Warenhauses MCC reklamiert bei Ihnen eine Armbanduhr, die nicht mehr läuft. Die Kundin ist sichtlich ungehalten darüber, dass die Armbanduhr bereits nach so kurzer Zeit nicht mehr funktioniert und äußert Ihnen gegenüber lautstark Ihren Unmut. Im Zuge des Gesprächs mit der Kundin äußert die aufgebrachte Dame den (offensichtlich ironisch gemeinten) Satz: „Das hier ist das tollste Kaufhaus der Stadt!"

Nach dem Kommunikationsmodell von Schulz von Thun beinhaltet jede kommunizierte Botschaft vier verschiedene Aspekte. Benennen

Sie die vier Aspekte einer Nachricht und erläutern Sie diese anhand der Äußerung der Kundin.

Aufgabe 137

In Ihrem Unternehmen haben sich im Kollegenkreis zwei Gruppen gebildet, die immer wieder in Streit geraten. Erläutern Sie vier Schritte, die bei der Lösung eines Konflikts innerhalb eines Teams sinnvollerweise zu durchlaufen sind.

Aufgabe 138

Um den wachsenden Kundenansprüchen gerecht zu werden, soll in der Sportartikelabteilung, in der Sie derzeit tätig sind, eine Sortimentserweiterung stattfinden. In einer Teamsitzung diskutieren Sie entsprechende Maßnahmen.

Nennen Sie vier Regeln, die beachtet werden sollten, damit die Teamsitzung möglichst reibungslos und effektiv verläuft.

Aufgabe 139

Sie wollen sich über die neuen Artikel informieren. Nennen Sie fünf Informationsquellen.

2. Warensortiment

Aufgabe 140

Bei einer Besprechung zur Sortimentsgestaltung der MCC GmbH macht Ihr Chef die folgende Aussage: „Es geht nicht um die Sortimentsbreite, sondern vor allem um die Sortimentstiefe!“

Erläutern Sie anhand von jeweils einem praktischen Beispiel, was unter Sortimentsbreite und Sortimentstiefe zu verstehen ist.

Aufgabe 141

Die MCC GmbH beschließt Maßnahmen der Sortimentsvariation. Dabei soll in manchen Warengruppen ein „trading up“ und in anderen Warengruppen ein „trading down“ erfolgen.

Erklären Sie kurz, was unter Sortimentsvariation zu verstehen ist und erläutern Sie jeweils anhand eines Beispiels kurz die Begriffe „trading up“ und „trading down“.

Aufgabe 142

Sie erhalten den Auftrag, die Sortimentspyramide der Lebensmittelabteilung darzustellen.

Erläutern Sie die fünf Ebenen der Sortimentspyramide und geben Sie jeweils ein konkretes Beispiel für die Lebensmittelabteilung.

Aufgabe 143

Erläutern Sie den Begriff Sortimentsstruktur.

Aufgabe 144

Unterscheiden Sie zwischen Herstellermarken, Handelsmarken und No-Name-Produkten und ergänzen Sie jeweils ein Beispiel aus einer Branche Ihrer Wahl.

Aufgabe 145

Erläutern Sie anhand von drei Merkmalen, wodurch sich Markenartikel auszeichnen.

Aufgabe 146

Nach Angaben des Statistischen Bundesamts wird der Anteil der älteren Bevölkerung in der Bundesrepublik Deutschland rapide steigen. Die MCC GmbH will sich bei ihrer Sortimentsgestaltung auf die demografische Entwicklung einstellen.

Schlagen Sie vier konkrete Artikel vor, die Sie vor dem Hintergrund der demografischen Entwicklung in das Sortiment aufnehmen würden und begründen Sie jeweils Ihre Entscheidung.

Aufgabe 147

Sie sind für die korrekte Preisauszeichnung der neuen Artikel verantwortlich. Nennen Sie drei Pflichtangaben nach der Preisangabenverordnung (PAngV).

Aufgabe 148

Ein neues Brettspiel soll erstmals ins Sortiment der MCC GmbH aufgenommen werden.

Nennen Sie drei Informationsquellen, die Sie als Verkäufer/-in bei der Kundenberatung gut einsetzen können.

Aufgabe 149

Als Verkäufer/-in haben Sie immer wieder mit verschiedenen Produktkennzeichnungen zu tun.

Welche Bedeutung haben die folgenden Bilder?

1	2	3	4	5
CE			OEKO-TEX® CONFIDENCE IN TEXTILES STANDARD 100 00000000 Institut Geprüft auf Schadstoffe. www.oeko-tex.com/standard100	NIVEA

Aufgabe 150

Unterscheiden Sie zwischen Selbstbedienung, Vorwahl und Vollbedienung.

Aufgabe 151

Erläutern Sie sechs Aspekte, die für eine verkaufsfördernde Warenplatzierung und -präsentation zu beachten sind.

Aufgabe 152

Bei der Warenplatzierung spielt auch der Kundenlauf eine wichtige Rolle.

Nennen Sie zwei verkaufsintensive Zonen sowie zwei verkaufsschwache Zonen, die von Kunden häufig umgangen oder schnell durchlaufen werden.

3. Beratung und Verkauf

Aufgabe 153

Sie sind als Verkäufer/-in im Warenhaus MCC tätig und kennen die Erwartungen und Wünsche Ihrer Kunden. In Ihrer Abteilung beobachten Sie eine Kundin, die einen Artikel in der Hand hält und sich nach einer Beratung umschaut. Bearbeiten Sie die folgenden Aufgaben mit Beispielen aus Ihrer Branche.

a) Sie möchten verkaufsfördernd Kontakt zur Kundin aufnehmen. Formulieren Sie in wörtlicher Rede eine entsprechende Ansprache.

b) Im nächsten Schritt wollen Sie den genauen Kaufwunsch der Kundin ermitteln. Formulieren Sie zwei passende Fragen.

c) Nennen Sie zwei Fragearten, die im Kundengespräch eingesetzt werden, und erläutern Sie jeweils kurz, in welcher Phase des Verkaufsgesprächs der Einsatz sinnvoll ist.

d) Nachdem Sie den Bedarf der Kundin ermittelt haben, legen Sie ihr die entsprechende Ware vor. Erläutern Sie zwei Aspekte, die bei der Warenvorlage zu beachten sind.

e) Als Sie der Kundin drei Alternativprodukte vorlegen, zeigt sie starkes Interesse an einem der angebotenen Artikel. Formulieren Sie ein personenbezogenes Verkaufsargument, um die Kundin endgültig vom Kauf zu überzeugen.

f) Die Kundin fragt nun nach dem Preis des angebotenen Artikels. Nennen Sie einen möglichen Fehler, den Sie als Verkäufer/-in bei der Nennung des Preises machen können.

g) Formulieren Sie in wörtlicher Rede eine Aussage, mit der Sie den endgültigen Kaufabschluss der Kundin herbeiführen können.

Aufgabe 154

Sie sind im Warenhaus MCC im Verkauf eingesetzt. Herr Schmidt, ein langjähriger Stammkunde, betritt den Verkaufsraum.

a) Begründen Sie, warum bereits Ihr Verhalten bei der Begrüßung des Kunden wichtig ist.

b) Erläutern Sie drei Elemente der Stimmführung, auf die Sie beim Verkaufsgespräch achten sollten.

c) Herr Schneider äußert den Kaufwunsch: „Ich suche ein Geschenk für meinen Sohn". Als Verkäufer/-in versuchen Sie nun, den genauen Bedarf von Herrn Schmidt zu ermitteln. Formulieren Sie dazu zwei geeignete Fragen.

d) Erläutern Sie kurz, welche zwei grundlegenden Arten von Kaufmotiven sich unterscheiden lassen.

e) Im Laufe des weiteren Verkaufsgesprächs fragt Herr Schmidt nach dem Preis. Worauf müssen Sie achten, wenn Sie diese Frage verkaufsfördernd beantworten wollen?

f) Nachdem Sie Herrn Schmidt den Preis genannt haben, bringt er den Einwand: „Dieser Artikel ist aber bei Sparkauf billiger!" Formulieren Sie Ihre Reaktion auf diesen Kundeneinwand, wenn Sie die Ja-aber-Methode einsetzen.

g) Herr Schmidt kann sich noch nicht für den Kauf entscheiden. Formulieren Sie zwei Argumente, die Herrn Schneider die Kaufentscheidung erleichtern.

Aufgabe 155

Eine Kundin des Warenhauses MCC reklamiert bei Ihnen eine Armbanduhr, die nicht mehr läuft. Außerdem möchte sie Ohrringe zurückgeben, da diese ihr doch nicht gefallen. Die Kundin legt einen Kassenbon vor, aus dem hervorgeht, dass sie beide Artikel vor fünf Wochen gekauft hat.

a) Beurteilen Sie die Situation in rechtlicher Hinsicht.

b) Die Kundin ist sichtlich ungehalten darüber, dass die Armbanduhr bereits nach so kurzer Zeit nicht mehr funktioniert und äußert Ihnen gegenüber lautstark Ihren Unmut. Schildern Sie drei mögliche Verhaltensweisen, wie Sie auf die Beschwerde der Kundin angemessen reagieren.

c) Nennen Sie je zwei Gründe, die für bzw. gegen einen großzügigen Umtausch der Ohrringe sprechen.

d) Wie lösen Sie die vorliegende Situation, wenn Sie kundenorientiert vorgehen?

e) Wie können Sie Kundenreklamationen und spätere Umtauschwünsche von Kunden schon im Verkaufsgespräch vorbeugend vermeiden? Erläutern Sie zwei Möglichkeiten.

Aufgabe 156

In der Sportabteilung des Warenhauses MCC beschäftigt sich ein junger Kunde mit Inlineskates. Eine Kollegin von Ihnen geht auf ihn zu, steckt beide Hände in die Hosentasche und führt folgenden Dialog mit dem Kunden.

Verkäuferin: „Was darf es sein?“

Kunde: „Guten Tag. Ich hab vor, wieder mehr Sport zu machen und will mir evtl. Inlineskates zulegen.“

Verkäuferin: „Wie viel wollen Sie denn ausgeben?“

Kunde (etwas ratlos): „Ich weiß noch nicht so genau.“

Verkäuferin: „Bevorzugen Sie Schalen- oder Schnürschuhe?“

Kunde: „Also, ich kenne mich da nicht so genau aus. Ich hatte bisher noch keine Inlineskates.“

Verkäuferin: „Wir führen alle gängigen Marken. Wir werden sicher das Passende für Sie finden."

a) Benennen Sie zwei Kritikpunkte an der Kontaktaufnahme der Verkäuferin und formulieren Sie einen Verbesserungsvorschlag in wörtlicher Rede.

b) Wie beurteilen Sie die Körpersprache der Verkäuferin? Nennen Sie vier Aspekte, die im Hinblick auf Mimik, Gestik und Körpersprache beim Verkaufsgespräch zu beachten sind.

c) Wie bewerten Sie die Bedarfsermittlung der Verkäuferin? Gehen Sie auf zwei Schwächen ein und formulieren Sie einen Verbesserungsvorschlag in wörtlicher Rede.

d) Wie beurteilen Sie die Aussage der Verkäuferin „Wir werden sicherlich das Passende für Sie finden."?

e) Geben Sie zwei konkrete Hinweise, wie die Warenvorlage im vorliegenden Fall verkaufsfördernd gestaltet werden kann.

f) Das Verkaufsgespräch verläuft erfolgreich und der junge Mann kauft ein Paar Inlineskates. Darüber hinaus gelingt es der Verkäuferin sogar noch, dem Kunden einen passenden Rucksack als Ergänzungsartikel zu verkaufen.

   Unterscheiden Sie zwischen funktionsnotwendigen und nützlichen Zusatzartikeln und nennen Sie jeweils ein konkretes Beispiel.

Aufgabe 157

In der Spielwarenabteilung der MCC GmbH schaut sich schon seit einiger Zeit ein älterer Herr um. Ein Verkäufer geht auf ihn zu und es ergibt sich der folgende Dialog.

Verkäufer: „Guten Tag, kann ich Ihnen helfen?"

Kunde: „Ich suche ein Weihnachtsgeschenk für meinen Enkel."

Verkäufer: „Haben Sie schon konkrete Vorstellungen?"

Kunde: „Ich weiß noch nicht so recht. Er hat schon so viel."

Verkäufer: „Dann ist es natürlich immer sehr schwierig, etwas zu finden, worüber sich das Kind auch freut. Wie wäre es mit einem Stofftier?"

a) Analysieren Sie die Kontaktaufnahme des Verkäufers und machen Sie einen konkreten Alternativvorschlag, wie eine warenbezogene Kontaktaufnahme erfolgen kann.

b) Benennen Sie zwei weitere Fehler, die der Verkäufer im Rahmen des Verkaufsgesprächs macht.

c) Formulieren Sie zwei Fragen, die der Verkäufer im Rahmen einer verkaufsförderlichen Bedarfsermittlung stellen könnte.

d) Für gute Verkaufsgespräche ist es wichtig, die Fragetechnik zu beherrschen. Nennen Sie drei Vorteile, die die richtige Anwendung von Fragen für das Verkaufsgespräch bringen.

e) Unterscheiden Sie zwischen offenen, geschlossenen und rhetorischen Fragen sowie Alternativfragen. Formulieren Sie jeweils ein konkretes Beispiel.

f) In welcher Verkaufsphase eignen sich die folgenden Fragen? Begründen Sie jeweils Ihre Meinung:

Frage 1: „Möchten Sie lieber die schwarzen oder die braunen Schuhe?"

Frage 2: „Wollen Sie zu den Schuhen noch eine geeignete Schuhcreme mitnehmen?"

4. Servicebereich Kasse

Aufgabe 158

Sie sind im Warenhaus MCC im Verkauf tätig. Heute werden Sie an der Kasse eingesetzt.

a) Zunächst wollen Sie den Kassenbereich für Ihre Tätigkeit vorbereiten. Nennen Sie vier konkrete Beispiele für vorbereitende Tätigkeiten für das Kassieren.

b) Ein Kunde legt seine Ware vor Ihnen auf den Kassentisch und möchte offensichtlich zahlen. Wie verhalten Sie sich als Verkäufer/-in an der Kasse kundenorientiert? Nennen Sie vier konkrete Verhaltensregeln.

c) Unterscheiden Sie zwischen Barzahlung, halbbarer Zahlung und bargeldloser Zahlung. Mit welcher der drei Zahlungsarten werden Sie an der Kasse nicht in Berührung kommen?

d) Nennen Sie zwei Vor- und zwei Nachteile, die die Barzahlung aus Sicht der Kunden hat.

Aufgabe 159

Die MCC GmbH bietet an ihren Kassen auch die Möglichkeit der Zahlung mit Girokarte per Electronic Cash an.

a) Der langjährige Kunde Herr Keller will bei Ihnen verschiedene Artikel im Gesamtwert von 290,00 EUR kaufen. Sie haben die Ware bereits eingescannt und dem Kunden den Gesamtbetrag genannt, als der Kunde Ihnen seine Girokarte hinlegt. Beschreiben Sie den weiteren Zahlungsvorgang an der Kasse (fünf weitere Schritte).

b) Nennen Sie jeweils drei Vorteile, die das Electronic-Cash-Zahlungsverfahren aus Sicht des Warenhauses MCC sowie aus Kundensicht bietet.

c) Auf Wunsch von Herrn Keller packen Sie einen der gekauften Artikel als Geschenk ein. Nennen Sie drei weitere warenbezogene sowie drei warenunabhängige Serviceleistungen, die das Warenhaus MCC seinen Kunden anbieten könnte.

d) Nennen Sie drei Argumente, warum es aus Sicht der MCC GmbH sinnvoll ist, ihren Kunden zusätzliche Serviceleistungen anzubieten.

Aufgabe 160

Sie sind als Verkäufer/-in des Warenhauses MCC an der Kasse eingesetzt.

a) Warum ist kundenorientiertes Verhalten an der Kasse besonders wichtig?

b) Nennen Sie fünf Anforderungen, die ein Verkäufer im Rahmen seines Verhaltens im Umgang mit Kunden generell und an der Kasse in besonderem Maße erfüllen muss.

c) Am Ende des Verkaufstages führen Sie eine Kassenkontrolle durch und ermitteln die Tageslosung. Erläutern Sie, was unter der Tageslosung zu verstehen ist und wie sie berechnet wird.

d) Bei einem sogenannten „Kassensturz“ wird bei Ihrer Kasse ein Kassenfehlbetrag festgestellt. Erklären Sie den Begriff „Kassensturz“ und nennen Sie drei Ursachen für Kassendifferenzen sowie drei Maßnahmen, wie diese vermieden werden können.

Aufgabe 161

Sie sind im Warenhaus MCC GmbH an der Kasse eingesetzt. Als Kassiererin/Kassierer sind Sie in der Regel die letzte Verkaufskraft, mit der die Kunden in Berührung kommen. Dadurch prägt das Kassenpersonal wesentlich das Bild der Kunden vom Unternehmen. Damit der Kaufvorgang in einer positiven Atmosphäre abgeschlossen wird, ist auf ein kundenorientiertes Verhalten besonders zu achten.

a) Nennen Sie vier konkrete kundenorientierte Verhaltensweisen, die dazu beitragen, dass der Kaufvorgang in einer positiven Atmosphäre abgeschlossen wird.

b) Im Warenhaus MCC sind Sie im Kassenbereich auch für den Umtausch von Ware zuständig. Beschreiben Sie vier Punkte, auf die Sie bei der Abwicklung eines Umtausches zu achten haben.

c) Das Warenhaus MCC GmbH hat vor zwei Jahren Kundenkarten eingeführt. Nennen Sie jeweils zwei Vorteile der Kundenkarten aus Sicht des Warenhauses und aus Sicht des Kunden.

d) An Ihrer Kasse steht eine Kundin, die einen Coupon einlösen will. Erläutern Sie kurz, was unter einem Coupon zu verstehen ist, und begründen Sie mit zwei Argumenten, warum die MCC GmbH Coupons an ihre Kunden herausgibt.

Aufgabe 162

Die MCC GmbH bietet an ihren Kassen auch die Möglichkeit der Zahlung mit Kreditkarte an.

a) Der Stammkunde Reiner Mark will bei Ihnen mehrere Artikel im Gesamtwert von 630,00 EUR kaufen. Sie haben die Ware bereits an der Kasse eingescannt und Herrn Mark den Gesamtpreis genannt. Der Kunde legt Ihnen eine VISA-Kreditkarte vor. Beschreiben Sie den Ablauf des Zahlungsvorgangs in vier Schritten.

b) Nennen Sie zwei Vor- und zwei Nachteile, die die Zahlung per Kreditkarte für das Warenhaus MCC GmbH mit sich bringt.

c) Neben der Möglichkeit, mit der Kreditkarte zu zahlen, bietet das Warenhaus MCC auch Electronic Cash sowie die Zahlung mit der Geldkarte an. Unterscheiden Sie Electronic Cash und Zahlung mit der Geldkarte anhand von drei Kriterien.

Aufgabe 163

Zum Geschäftsschluss nehmen Sie eine Kassenabrechnung vor. Daraus ergeben sich folgende Informationen.

Quittungen über Bargeldabschöpfung/Bankeinzug: 2.390,00 EUR
Wechselgeld zu Beginn des Tages: 200,00 EUR

Geldscheine (EUR)			Hartgeld (EUR)		
–	x	500,00	8	x	2,00
1	x	200,00	19	x	1,00
9	x	100,00	11	x	0,50
19	x	50,00	13	x	0,20
26	x	20,00	19	x	0,10
17	x	10,00	9	x	0,05
3	x	5,00	6	x	0,02
			19	x	0,01
Summe:		2.755,00	Summe:		45,76

Ausdruck aus der Registrierkasse

Warenhaus MCC GmbH	
Finanzbericht	
13.07.20..	
Barverkäufe	4.991,76 EUR
Anzahl Artikel	296
Anzahl Kunden	167
Durchschnittlicher Umsatz je Kunde	

a) Berechnen Sie die Tageslosung

b) Ermitteln Sie die Kassendifferenz

c) Berechnen Sie den durchschnittlichen Umsatz pro Kunde

Aufgabe 164

Aus welchem Grund kann ein Kassensturz notwendig sein?

(1) Ermittlung des bisherigen Tagesumsatzes
(2) Abschöpfen des Bargeldbestandes
(3) Klärung einer Kundenreklamation wegen angeblich falsch herausgegebenem Wechselgeld
(4) Durchführung der abendlichen Kassenabrechnung
(5) Entnahme von Wechselgeld aus der Kasse

Aufgabe 165

Eine Ihnen nicht bekannte Kundin zahlt an der Kasse mit einem 200-Euro-Schein. Ihnen steht kein Überprüfungsgerät mit UV-Licht zur Verfügung.

Welche Möglichkeit haben Sie, den Schein auf Echtheit zu überprüfen?

(1) Sie fragen die Kundin, ob sie absolut sicher ist, dass es sich nicht um Falschgeld handelt.
(2) Der Schein hat eine rötliche Farbe.
(3) Links auf der Vorderseite ist ein helleres Feld, auf dem bei Durchsicht ein Wasserzeichen vom Architekturmotiv sowie die Zahl 200 zu erkennen ist.
(4) Der Sicherheitsfaden ist bei Gegenlicht quer über dem ganzen 200-Euro-Schein zu erkennen.
(5) Es gibt keine 200-Euro-Schein.

Aufgabe 166

Eine Kollegin bittet Sie, ihr bei der Berechnung einer Kassendifferenz zu helfen. Ihnen liegen folgende Daten vor:

Wechselgeld bei Kasseneröffnung: 250,00 EUR
Bruttoumsatz lt. Kassenbericht: 6.792,85 EUR
Auszahlung bei Reklamationen: 79,95 EUR
Kassenbestand bei Geschäftsschluss: 6.962,85 EUR

Berechnen Sie die Kassendifferenz.

Aufgabe 167

Sie sollen einen Maßnahmenkatalog zur Vermeidung von Kassendifferenzen erstellen. Welche der folgenden Maßnahmen ist nicht sinnvoll?

(1) Bei größeren Geldscheinen den Betrag deutlich nennen
(2) Dem Kunden das Wechselgeld laut vorzählen
(3) Vollständig von Barzahlung auf Kartenzahlung umstellen
(4) Das vom Kunden gezahlte Geld in der Kasse deponieren
(5) Sicherstellen, dass die Kasse nach jedem Vorgang geschlossen wird

Aufgabe 168

Berechnen Sie aus den folgenden Daten die Kassendifferenz.

Wechselgeld bei Kasseneröffnung: 300,00 EUR
Bruttoumsatz lt. Kassenbericht: 3.354,96 EUR
Auszahlung bei Reklamationen: 29,95 EUR
Kassenbestand bei Geschäftsschluss: 3.625,00 EUR

Aufgabe 169

Welche der folgenden Aussagen zu Scannerkassen ist zutreffend?

(1) Scannerkassen ermöglichen eine permanente Erfassung des Ist-Bestandes.
(2) Scannerkassen ermöglichen eine schnelle Datenerfassung der Artikel und beschleunigen damit den Zahlvorgang.
(3) Durch den Einsatz von Scannerkassen müssen einzelne Artikel nicht mehr kalkuliert werden.
(4) Durch den Einsatz von Scannerkassen sind Kassendifferenzen ausgeschlossen.
(5) Scannerkassen ermöglichen durch die artikelgenaue Erfassung Angaben über den aktuellen Ist-Bestand.

Aufgabe 170

Sie haben die Aufgabe, die folgende Abteilungsstatistik zu überprüfen.

ABTEILUNGSSTATISTIK KASSE VOM 31.08.20..

Datum: 31.08.20..
Zeit: 20:35:26
Kasse: 024-001

SSE: 220 T/R PZ	Kunden	USt.	Einnahmen	Warenrückgabe	Einnahmen abzgl. Warenrückgabe
	1	19,00	127,94	0,00	127,94
	1	19,00	48,27	0,00	48,27
	2	19,00	87,12	0,00	87,12
	1	19,00	92,59	19,95	A
	1	19,00	B	29,95	104,63

a) Ermitteln Sie die fehlende Position A

b) Ermitteln Sie die fehlende Position B

Aufgabe 171

Zum Geschäftsschluss nehmen Sie eine Kassenabrechnung vor. Daraus ergeben sich folgende Informationen.

Quittungen über Bargeldabschöpfung/Bankeinzug:	1.980,00 EUR
Wechselgeld zu Beginn des Tages:	300,00 EUR

Geldscheine (EUR)			Hartgeld (EUR)		
–	x	500,00	16	x	2,00
3	x	200,00	13	x	1,00
7	x	100,00	12	x	0,50
21	x	50,00	9	x	0,20
26	x	20,00	16	x	0,10
12	x	10,00	13	x	0,05
6	x	5,00	12	x	0,02
			8	x	0,01
Summe:		2.860,00	Summe:		55,37

Ausdruck aus der Registrierkasse

Warenhaus MCC GmbH	
Finanzbericht	
13.07.20..	
Barverkäufe	4.595,42 EUR
Anzahl Artikel	312
Anzahl Kunden	197
Durchschnittlicher Umsatz je Kunde	

a) Berechnen Sie die Tageslosung

b) Ermitteln Sie die Kassendifferenz

c) Berechnen Sie den durchschnittlichen Umsatz pro Kunde (laut obigem Ausdruck aus Registrierkasse)

5. Einflussfaktoren auf die Warenpräsentation

Aufgabe 172

Für das anstehende Weihnachtsgeschäft möchte die MCC GmbH auf ihr Spielwarensortiment aufmerksam machen. Für Planung und Vorbereitung verschiedener Aktionen wird ein Team gebildet, bei dem Sie mitarbeiten.

a) Ein neues Computerspiel, das per Bewegung gesteuert wird, soll neu ins Sortiment der MCC GmbH aufgenommen werden. Nennen Sie drei Informationsquellen, die Sie als Verkäufer/-in bei der Kundenberatung gut einsetzen können.

b) Das Computerspiel soll im Umkreis der MCC GmbH gezielt regional beworben werden. Schlagen Sie vier dafür geeignete Werbemittel vor.

c) Im Warenhaus MCC soll das neue Computerspiel zusammen mit einigen anderen Artikeln auf einer Sonderverkaufsfläche platziert werden. Erläutern Sie drei Ziele, die die MCC GmbH mit der Einrichtung einer Sonderverkaufsfläche verfolgt.

d) Die MCC GmbH entschließt sich, im lokalen Hörfunksender einen Werbespot zu senden. Erläutern Sie die Wirkungsweise der Werbung anhand der AIDA-Formel.

Aufgabe 173

Die Geschäftsleitung der MCC GmbH beauftragt ein Projektteam, ein neues Werbekonzept zu entwickeln. Auch Sie werden in das Team eingebunden.

a) Zunächst wird im Team die grundlegende Zielrichtung der Arbeit diskutiert. Erläutern Sie die vier Grundsätze der Werbung.

b) Im nächsten Schritt geht es in die konkrete Planung des Werbekonzepts. Formulieren Sie sechs Fragen, die im Zuge der Werbeplanung beantwortet werden müssen.

Aufgabe 174

In der Lebensmittelabteilung des Warenhauses MCC soll der Verkaufsraum neu gestaltet werden.

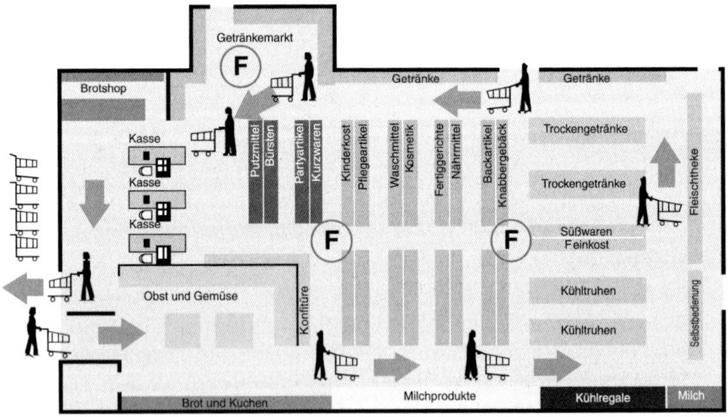

a) Erklären Sie den Unterschied zwischen Warenplatzierung und Warenpräsentation.

b) Im Hinblick auf die Laufrichtung der Kundschaft kann zwischen verkaufsstarken und verkaufsschwachen Zonen unterschieden werden.

Erläutern Sie an jeweils drei Beispielen, wo sich verkaufsstarke und verkaufsschwache Zonen befinden.

c) Unterbreiten Sie vier Vorschläge, wie verkaufsschwache Zonen aufgewertet werden können.

d) Nennen Sie vier Gesichtspunkte, die Sie berücksichtigen müssen, wenn Sie verschiedene Artikel in ein Regal einräumen.

Aufgabe 175

Im Warenhaus MCC ist für die nächste Woche eine Sonderaktion geplant. Sie sind verantwortlich für die erfolgreiche Durchführung.

a) Formulieren Sie vier Fragen, die vor der Durchführung der Aktion geklärt werden müssen.

b) Sie haben zu entscheiden, welche Werbemittel eingesetzt werden, um die Sonderaktion bei den Kunden bekannt zu machen. Definieren Sie den Begriff Werbemittel und nennen Sie drei für die Aktion geeignete Werbemittel.

c) Im Hinblick auf die Werbeplanung haben Sie auch die Entscheidungen im Hinblick auf die Streuzeit und das Streugebiet zu treffen. Definieren Sie die beiden Begriffe.

Aufgabe 176

Ein neues Projektteam hat die Aufgabe, die Werbung und die Public Relations der MCC GmbH zu optimieren.

a) Sie sollen sowohl Produkt- als auch Sortimentswerbung betreiben. Unterscheiden Sie die beiden Begriffe.

b) Geben Sie je zwei ökonomische und zwei außerökonomische Ziele der Werbung an.

c) Nennen Sie drei mögliche Zielgruppen, die das Warenhaus MCC mit der Werbung erreichen will.

Aufgabe 177

Eine Abteilung des Warenhauses MCC soll im Rahmen einer Umbaumaßnahme eine neue Verkaufsraumgestaltung erhalten.

a) Die Verkaufsfläche wird im Hinblick auf ihre Verkaufswirksamkeit in unterschiedliche Zonen unterteilt. Beispielsweise wird zwischen dem Eingangsbereich, der Mittelzone, dem Hauptweg und der Kassenzone unterschieden. Beurteilen Sie die Verkaufswirksamkeit der vier Verkaufszonen und begründen Sie jeweils Ihre Entscheidung.

b) Bei der Warenplatzierung wird zwischen Suchartikeln bzw. Mussartikeln und Impulsartikeln unterschieden. Geben Sie jeweils zwei konkrete Beispiele für Suchartikel und Impulsartikel an, schlagen Sie eine geeignete Verkaufszone vor und begründen Sie Ihre Entscheidung.

c) Nennen Sie vier weitere Elemente der Verkaufsraumgestaltung, die der Schaffung einer angenehmen Verkaufsatmosphäre dienlich sein können.

Aufgabe 178

Ihr Team hat die Aufgabe, neue Ware möglichst verkaufsfördernd zu präsentieren.

a) Erläutern Sie den Unterschied zwischen Werbung, Verkaufsförderung und Public Relations.

b) Machen Sie drei Vorschläge, wie die Sonderfläche für neue Artikel verkaufsfördernd gestaltet werden kann.

c) Sie sind für die korrekte Preisauszeichnung der neuen Artikel verantwortlich. Nennen Sie drei Pflichtangaben nach der Preisangabenverordnung (PAngV).

d) Nennen Sie – neben dem Verkaufsraum – zwei weitere Orte der Produktpräsentation, für die ebenfalls Preisauszeichnungspflicht herrscht. Nennen Sie zwei Beispiele, wo die Preisauszeichnungspflicht nicht gilt.

e) Im Zuge der Sortimentserweiterung bietet die MCC GmbH drei Artikel zu einem Sonderpreis an.

- → Bei Artikel 1 beträgt der ursprüngliche Preis (unverbindliche Preisempfehlung des Herstellers) 29,95 EUR. Sie bieten die Ware zum Preis von 24,95 EUR an. Um wie viel Prozent ist der Preis gesenkt worden?
- → Artikel 2 wurde um 25 % reduziert. Sein neuer Preis beträgt 9,95 EUR. Wie viel hat der Artikel ursprünglich gekostet?
- → Für den Artikel 3 beträgt die unverbindliche Preisempfehlung 24,95 EUR. Der Artikel soll zu einem 20 % günstigeren Preis angeboten werden. Wie hoch ist der neue Preis?

Aufgabe 179

Die Geschäftsführung der MCC GmbH beauftragt Sie, zu überprüfen, ob die Werbeaktivitäten des Warenhauses im Einklang mit dem Gesetz gegen unlauteren Wettbewerb (UWG) stehen.

a) Erläutern Sie drei Beispiele für unlauteren Wettbewerb.

b) Eine Variante für verbotene Wettbewerbshandlungen ist die irreführende Werbung. Erläutern Sie drei Beispiele für irreführende Werbung.

c) Unter welchen Voraussetzungen ist vergleichende Werbung erlaubt?

6. Onlinehandel

Aufgabe 180

Definieren Sie den Begriff E-Commerce und erklären Sie, was unter B2C und C2C zu verstehen ist.

Aufgabe 181

Der Anteil des E-Commerce wächst seit Jahren stetig. Nennen Sie fünf Vorteile des Onlinehandels aus Sicht der Kunden.

Aufgabe 182

Nennen Sie fünf Vorteile des Onlinehandels aus Sicht des Einzelhandels.

Aufgabe 183

Die MCC GmbH entschließt sich, die eigene Internetpräsenz zu verstärken und eine komplett neu gestaltete Website zu erstellen. Dabei gilt es auch einige rechtliche Regelungen zu beachten. Erläutern Sie, was man bei dem Betreiben einer Website unter der „Impressumspflicht" versteht.

Aufgabe 184

Für die über das Internet abgeschlossenen Kaufverträge gelten die weitergehenden Informationspflichten für sogenannte Fernabsatzverträge. Erläutern Sie, was man bei Käufen im Internet unter der „Button-Lösung" versteht.

Aufgabe 185

Die MCC GmbH will ergänzend zum stationären Einzelhandel in ihrem Kaufhaus den Kunden auch die Möglichkeit bieten, Waren online zu bestellen. Nennen und erläutern Sie fünf Erfolgsfaktoren für Onlineshops.

Aufgabe 186

Die MCC GmbH will neben den klassischen Marketingmaßnahmen zukünftig auch das Onlinemarketing intensivieren. Nennen Sie fünf Instrumente des Onlinemarketings.

Aufgabe 187

Erläutern Sie, wie die MCC GmbH Affiliate-Marketing als Instrument des Onlinemarketings zielführend für den neuen Webshop nutzen kann.

Aufgabe 188

Die MCC GmbH beabsichtigt mit der Einrichtung eines Webshops eine „Multi-Channel-Strategie" zu verfolgen.

a) Erklären Sie, inwiefern die MCC GmbH von einer solche Multi-Channel-Strategie profitieren kann.

b) Erläutern Sie, welche Wechselwirkungen zwischen stationärem Einzelhandel und Onlinehandel bestehen.

c) Unterscheiden Sie zwischen dem Cross-Channel-Retailing und dem Multi-Channel-Retailing.

d) Nennen Sie drei Serviceleistungen, die das Warenhaus Main City Center den Kunden im Rahmen einer Multi-Channel-Strategie anbieten könnte.

Aufgabe 189

Die MCC GmbH will den Erfolg ihres Onlinemarketings mithilfe von Kennzahlen analysieren. Nennen und definieren Sie fünf konkrete Kennzahlen, die hier zum Einsatz kommen könnten.

Aufgabe 190

Die MCC GmbH will für die Abwicklung des Zahlungsvorganges auf ihrem Onlineshop neue elektronische Bezahlsysteme einführen. Nennen und erläutern Sie drei Zahlungsarten, die speziell für den Onlinehandel entwickelt wurden.

7. Kundenservice

Aufgabe 191

Der Geschäftsführer des Kaufhauses Main City Center hat in einer Stellungnahme zur zukünftigen Geschäftspolitik das Ziel ausgegeben, „den Bereich Serviceleistungen deutlich auszubauen". In einem eigens dafür neu gegründeten Projektteam sollen dazu in einem Brainstorming Ideen entwickelt werden.

a) Nennen Sie fünf warenbezogene Serviceleistungen.

b) Nennen Sie fünf warenunabhängige Serviceleistungen.

c) Nennen Sie drei zahlungsbezogene Serviceleistungen.

d) Nennen Sie drei nachkaufbezogene Serviceleistungen.

C

WARENWIRTSCHAFT IM EINZELHANDEL

1. Warenwirtschaft und Warenwirtschaftssystem

Aufgabe 192

Als Verkäufer/-in im Warenhaus MCC gehen Sie ständig mit Produkten um, die mit einem EAN-Strichcode versehen sind (EAN = Europäische Artikelnummer).

Welche Bedeutung hat im unten stehenden EAN[1]-Code die Ziffernfolge 96801?

9 771473 968012 >

(1) Bundeseinheitliche Betriebsnummer
(2) Länderkennzeichen
(3) Herstellerkennzeichen
(4) Prüfziffer
(5) Individuelle Artikelnummer des Herstellers

Aufgabe 193

Welcher der folgenden Vorgänge in der MCC GmbH ist keine typische Aufgabe der Warenwirtschaft?

(1) Auf ständige Lieferbereitschaft achten
(2) Warenbestände hinsichtlich der Lagerkosten optimieren

[1] Die EAN (European Article Number) wurde 2009 in GTIN (Global Trade Item Number) umbenannt. Im Sprachgebrauch der Praxis hat sich aber die Bezeichnung EAN gehalten.

(3) Lagerkennziffern ermitteln
(4) Umsatzstatistiken erstellen
(5) Für verkaufsfördernde Warenpräsentation sorgen

Aufgabe 194

Das Warenwirtschaftssystem umfasst Waren- und Informationsflüsse. Welche der folgenden Tätigkeiten ist dem Informations(= Daten) fluss zuzuordnen?

(1) Mitarbeiter überprüfen die Qualität von neu gelieferten Produkten.
(2) Die Umsätze einer Warengruppe werden von der Kasse erfasst.
(3) Geprüfte Produkte werden in den Verkaufsraum transportiert.
(4) Gelieferte Produkte werden im Wareneingang überprüft.
(5) Die Warenplatzierung wird entsprechend einer Kundenlaufstudie verbessert.

Aufgabe 195

Welche der folgenden Daten unterliegen dem Schutz durch das Datenschutzgesetz und dürfen daher nicht an Dritte weitergegeben werden?

(1) Die Namen der Gesellschafter der MCC GmbH
(2) Die Kapitaleinlagen der Gesellschafter der MCC GmbH
(3) Die Mitarbeiterzahl der MCC GmbH
(4) Die Privatadressen der Mitarbeiter der MCC GmbH
(5) Die Namen der Lieferanten der MCC GmbH

Aufgabe 196

Die Waren im Warenhaus MCC sind alle mit einem vom Scanner lesbaren Strichcode versehen. Welche Bedeutung haben im unten stehenden EAN-Code (EAN = Europäische Artikelnummer) die ersten beiden Ziffern 9 und 7?

9 771473 968012 >

(1) Prüfziffer
(2) Länderkennzeichen
(3) Herstellerkennzeichen
(4) Bundeseinheitliche Betriebsnummer
(5) Individuelle Artikelnummer des Herstellers

Aufgabe 197

In welchem Fall handelt es sich um Bewegungsdaten?

(1) Artikelnummer
(2) Personalnummer
(3) Kontoumsätze
(4) Bankleitzahl
(5) Postleitzahl

Aufgabe 198

Das Warenwirtschaftssystem umfasst Waren- und Informationsflüsse. Welche der folgenden Tätigkeiten ist dem Warenfluss zuzuordnen?

(1) Bestellbestände und Abverkäufe werden vom Zentralspeicher artikelgenau abgerufen.
(2) Die Umsätze einer Warengruppe werden von der Kasse erfasst.
(3) Die Umsätze verschiedener Warengruppen werden in einer Umsatzstatistik zusammengefasst.
(4) Gelieferte Produkte werden im Wareneingang überprüft.
(5) Die Warenbestände werden laufend aktualisiert.

Aufgabe 199

Fast alle Artikel des Sortiments der MCC GmbH sind mit dem EAN-Code gekennzeichnet. Welchen Vorteil bringt diese Kennzeichnung der MCC GmbH?

(1) Auf dem Kassenzettel wird immer der richtige Preis ausgedruckt.
(2) Kassendifferenzen können so vermieden werden.
(3) Wechselgelddifferenzen lassen sich leicht ermitteln.
(4) Die Datenerfassung erfolgt sicherer und rationeller.
(5) Die Preisauszeichnung der Waren wird dadurch überflüssig.

Aufgabe 200

Welche Daten im Artikelstammsatz der MCC GmbH sind regelmäßig zu aktualisieren?

(1) Artikelnummern
(2) Artikelbezeichnungen
(3) Warengruppen
(4) Preisangaben
(5) Umsatzsteuer-Schlüssel

Aufgabe 201

Welcher der folgenden Vorgänge in der MCC GmbH ist keine typische Aufgabe der Warenwirtschaft?

(1) Planung, Steuerung und Kontrolle von Warenflüssen
(2) Artikelgenaue Erfassung des Verkaufs
(3) Ermittlung der „Renner" und „Penner"
(4) Entwicklung eines Werbekonzepts
(5) Erstellung von Umsatzstatistiken

Aufgabe 202

Maßnahmen zur Datensicherung und zum Datenschutz überschneiden sich zuweilen. Welche der folgenden Maßnahmen dient nur dem Datenschutz und nicht der Datensicherung?

(1) Ein Programmierer führt einen Kontrolllauf des Programms durch.
(2) Von allen Programmen, die in der MCC GmbH eingesetzt werden, werden Sicherheitskopien angefertigt.
(3) Der Zugang zu den Personalstammdaten der MCC GmbH ist nur mit Passwort möglich.
(4) Ein Eingabeprogramm überprüft durch Plausibilitätskontrollen die eingegebenen Daten auf ihre sachliche Richtigkeit.
(5) Jede EAN-Nummer ist mit einer Prüfziffer ausgestattet, um eine nicht zutreffende Erfassung zu verhindern.

Aufgabe 203

Im Rahmen Ihrer Tätigkeit im Warenhaus MCC GmbH gehen Sie ständig mit Waren um, die mit einem EAN-Strichcode versehen sind.

Welche Bedeutung hat im folgenden EAN-Code die letzte Ziffer 2?

9 771473 968012 >

(1) Herstellerkennzeichen
(2) Individuelle Artikelnummer des Herstellers
(3) Länderkennzeichen
(4) Prüfziffer
(5) Bundeseinheitliche Betriebsnummer

Aufgabe 204

Als Mitarbeiter/-in der MCC GmbH gehen Sie ständig mit Produkten um, die mit einem EAN-Strichcode versehen sind.

Welche Bedeutung hat im unten stehenden EAN-Code die Ziffernfolge 71473?

9 771473 968012 >

(1) Bundeseinheitliche Artikelnummer
(2) Länderkennzeichen
(3) Herstellerkennzeichen
(4) Prüfziffer
(5) Individuelle Artikelnummer des Herstellers

Aufgabe 205

Welche der folgenden Aussagen zum Informationsaustausch im Rahmen der Warenwirtschaft ist zutreffend?

(1) Es erfolgt ein Informationsaustausch zwischen Einkauf, Personalwesen und Verkauf.
(2) Es erfolgt ein Informationsaustausch zwischen Einkauf, Rechnungswesen und Verkauf.
(3) Es erfolgt ein Informationsaustausch zwischen Einkauf, Marketing und Verkauf.
(4) Es erfolgt ein Informationsaustausch zwischen Einkauf, Personalwesen und Lager.
(5) Es erfolgt ein Informationsaustausch zwischen Einkauf, Lager und Verkauf.

Aufgabe 206

Die MCC GmbH arbeitet schon seit vielen Jahren mit einem EDV-gestützten Warenwirtschaftssystem. Welchen Vorteil bietet die Nutzung dieses Systems?

(1) Die Warenumschlagshäufigkeit erhöht sich.
(2) Die durchschnittliche Lagerdauer der Artikel verkürzt sich.
(3) Die aktuellen Lagerbestände können jederzeit direkt abgerufen und ausgewertet werden.
(4) Es ist kein Reservelager mehr notwendig.
(5) Es können dadurch keine Kassendifferenzen mehr auftreten.

2. Wareneingang

Aufgabe 207

Ein langjähriger Geschäftspartner der MCC GmbH, der Sportartikelgroßhändler Sport-Meier GmbH, sendet Ihnen 20 Crosstrainer als Sonderangebot zu. Sie haben diese Ware weder bestellt noch benötigen Sie diese.

Wie verhalten Sie sich entsprechend der gesetzlichen Vorschriften korrekt?

(1) Sie drohen der Sport-Meier GmbH eine Konventionalstrafe an, wenn die Crosstrainer nicht unverzüglich abgeholt werden.
(2) Sie teilen der Sport-Meier GmbH mit, dass Sie die Crosstrainer nicht benötigen und stellen die gelieferte Ware zur Abholung bereit.
(3) Sie behalten die Crosstrainer, bezahlen diese aber nicht, da keine Bestellung vorausging.

(4) Sie verlangen vom Spediteur eine Bestätigung, dass Sie die Trainer nicht bestellt haben.
(5) Sie nehmen die Crosstrainer an, da mit der Sport-Meier GmbH langjährige Geschäftsbeziehungen bestehen und Sie deshalb zur Abnahme verpflichtet sind.

Aufgabe 208

Sie sind in der Warenannahme der MCC GmbH eingesetzt. Soeben werden die bei Elektro-Huber bestellten Kaffeemaschinen per Lkw angeliefert.

Was müssen Sie noch während der Anwesenheit des Fahrers überprüfen?

(1) Die Empfängeranschrift, die Anzahl der gelieferten Versandstücke und die äußere Beschaffenheit der Verpackung
(2) Die Anschrift des Empfängers und die Rechnung
(3) Die Begleitpapiere und die Beschaffenheit der Geräte
(4) Die Anzahl der Geräte, die Unversehrtheit der Verpackung und die Funktionstüchtigkeit der gelieferten Ware
(5) Die Anschrift des wahren Empfängers, die Anzahl der Geräte und deren äußere Beschaffenheit

Aufgabe 209

In der MCC GmbH geht neue Ware ein. Gemäß HGB ist diese gelieferte Ware unverzüglich zu prüfen. Was bedeutet in diesem Zusammenhang der Begriff „unverzüglich"?

(1) Die Ware muss innerhalb von sechs Monaten überprüft werden.
(2) Die Ware muss innerhalb von einer Woche überprüft werden.
(3) Die Ware muss innerhalb von einem Tag überprüft werden.
(4) Die Ware muss noch bei Anwesenheit des Lieferers einzeln geprüft werden.
(5) Die Ware muss ohne schuldhaftes Verzögern geprüft werden.

Aufgabe 210

Sie sind dafür verantwortlich, zu überwachen, ob der Eingang einer Ware termingerecht erfolgt. Warum ist diese Tätigkeit notwendig?

(1) Um die Umschlagsgeschwindigkeit des Artikels zu erhöhen.
(2) Um die Rechnungen pünktlich bezahlen zu können.
(3) Um Skonto in Anspruch nehmen zu können.

(4) Um das Einkaufslimit nicht zu überschreiten.
(5) Um die Verkaufsbereitschaft sicherzustellen.

Aufgabe 211

Ein Spediteur liefert eine Warenlieferung. Die Ware ist in einem größeren Karton verpackt. Bringen Sie die folgenden Schritte der Warenannahme in die richtige Reihenfolge, indem Sie die Ziffern eins bis sieben in die Kästchen eintragen.

Karton öffnen	☐
Wareneingangsschein erstellen	☐
Überprüfung, ob laut Frachtbrief die Ware für das Warenhaus MCC GmbH bestimmt ist	☐
Packzettel mit Inhalt des Kartons nach Qualität und Quantität vergleichen	☐
Karton nach Kontrolle des Frachtbriefs annehmen	☐
Frachtbrief entgegennehmen	☐
Packzettel aus dem Karton entnehmen	☐

Aufgabe 212

Die MCC GmbH erhält eine Sendung mit Kaffeemaschinen, die nicht den Anforderungen entsprechen. Welche Maßnahme entspricht der gesetzlichen Regelung?

(1) Die fehlerhaften Kaffeemaschinen werden vernichtet. Die Rechnung wird storniert.
(2) Die fehlerhaften Kaffeemaschinen werden bis zur Einigung mit dem Lieferer zu dessen Lasten gelagert.
(3) Die fehlerhaften Kaffeemaschinen werden als Ausschuss aussortiert. Der Rechnungsbetrag wird gekürzt.
(4) Die fehlerhaften Kaffeemaschinen werden im eigenen Betrieb aufgearbeitet. Die dabei entstehenden Kosten werden dem Lieferer belastet.
(5) Die fehlerhaften Kaffeemaschinen werden ohne Rücksprache mit dem Lieferer zurückgeschickt.

Aufgabe 213

Sie sind für die ordnungsgemäße Warenannahme der MCC GmbH zuständig. Der Paketdienst bringt mehrere Pakete. Was müssen Sie nicht überprüfen?

(1) Material, aus welchem die Verpackung besteht
(2) Empfängeranschrift
(3) Anzahl der Packstücke
(4) Identität des Zustellers
(5) Zustand der äußeren Verpackung

Aufgabe 214

Die MCC GmbH hat von einem Lieferer Schreibtischlampen bezogen. Eine Stichproben-Untersuchung ergibt, dass einige Schreibtischlampen mangelhaft sind. Um die gesetzlichen Gewährleistungsansprüche aus dem Kaufvertrag nicht zu verlieren, sind nach dem Eintreffen der Lieferung bestimmte Pflichten zu erfüllen. Welche Aussage dazu ist richtig?

(1) Es besteht eine Prüfpflicht. Die gelieferten Schreibtischlampen sind innerhalb von 14 Tagen nach Art, Güte und Menge zu kontrollieren.
(2) Es besteht eine Rügepflicht im Falle von offenen Mängeln, die dem Lieferer unverzüglich nach ihrer Feststellung anzuzeigen sind.
(3) Es besteht eine Aufbewahrungspflicht für die beanstandeten Schreibtischlampen.
(4) Es besteht eine Rücksendepflicht bezüglich der beanstandeten Schreibtischlampen.
(5) Es besteht eine Rügepflicht im Falle von versteckten Mängeln, die dem Lieferer unverzüglich nach ihrer Feststellung, auch noch nach Ablauf der Gewährleistungsfrist, anzuzeigen sind.

Aufgabe 215

Sie sind im Warenhaus MCC für den Wareneingang zuständig. Soeben werden 500 Jeanshosen geliefert. Auf welche Weise prüfen Sie die Qualität der eingetroffenen Jeanshosen?

(1) Es muss nur ein einziges Stück geprüft werden.
(2) Sie prüfen eine Stichprobe der gelieferten Hosen.

(3) Sie wenden ein gesetzlich vorgegebenes Prüfungsverfahren an.
(4) Bei Massenproduktion findet keine Prüfung statt.
(5) Sie vergleichen eine gelieferte Hose mit der Probelieferung.

Aufgabe 216

Die MCC GmbH erhält von einem langjährigen Lieferanten Ware geliefert, die in ihrer Qualität mangelhaft ist. Welche der folgenden Aussagen zur mangelhaften Lieferung ist richtig?

(1) Festgestellte Mängel müssen unverzüglich nach Entdeckung in schriftlicher Form gerügt werden.
(2) Festgestellte Mängel müssen unverzüglich nach Entdeckung gerügt werden.
(3) Wenn der Lieferer mengenmäßig mehr liefert, als bestellt wurde, und der Käufer dies zwar feststellte, aber nicht rügte, kann der Lieferer nur den Kaufpreis für die bestellte Menge berechnen.
(4) Vom Lieferer arglistig verschwiegene Mängel müssen innerhalb der Gewährleistungspflicht gerügt werden.
(5) Eingegangene Waren müssen innerhalb der Gewährleistungspflicht auf offene Mängel überprüft werden.

3. Warenlagerung

Aufgabe 217

Was versteht man unter „permanenter Inventur"?

(1) Die jährlich wiederkehrende Inventur zum Ende des Geschäftsjahres.
(2) Die jährlich wiederkehrende Inventur zum Ende des Kalenderjahres.
(3) Die laufende Ermittlung des durchschnittlichen Lagerbestandes zu Inventurzwecken während des Geschäftsjahres.
(4) Die laufende Erstellung eines Inventars während des Geschäftsjahres.
(5) Die laufende Erfassung der Bestände während des Geschäftsjahres.

Aufgabe 218

Bei einem Mindestbestand von 20 Stück und einer Beschaffungszeit von 5 Tagen ergibt sich ein Meldebestand von 70 Stück.

Wie hoch ist der tägliche Absatz?

Aufgabe 219

Mit welcher Formel lässt sich die durchschnittliche Lagerdauer berechnen?

(1) 360 Tage / Lagerumschlagshäufigkeit
(2) Lagerumschlagshäufigkeit / 360 Tage
(3) Wareneinsatz / Lagerumschlagshäufigkeit
(4) Wareneinsatz / 360 Tage
(5) 360 Tage / (Wareneinsatz · Lagerumschlagshäufigkeit)

Aufgabe 220

Welche der unten stehenden Aussagen trifft zu?

(1) Der Umsatz eines Einzelhandelsbetriebes hat keinen Einfluss auf die Lagerzinsen.
(2) Damit der Lagerzinssatz gesenkt werden kann, muss die durchschnittliche Lagerdauer verlängert werden.
(3) Der Umsatz eines Einzelhandelsbetriebes hat keinen Einfluss auf die Lagerumschlagshäufigkeit.
(4) Durch eine Erhöhung von Mindestbeständen einiger Artikel wird die Lagerumschlagshäufigkeit vergrößert.
(5) Der Lagerzinssatz wird durch die Einstellung zweier weiterer Lagerarbeiter nicht beeinflusst.

Aufgabe 221

Bei einem Betriebsvergleich stellt die MCC GmbH fest, dass ihre Umschlagshäufigkeit 12 beträgt, während die des Branchendurchschnitts bei 9 liegt. Was bedeutet dieses Ergebnis für die MCC GmbH?

(1) Die Lagerkosten sind niedriger als im Branchendurchschnitt.
(2) Die Lagerdauer ist höher als im Branchendurchschnitt.
(3) Das Ergebnis hat keine Aussagekraft, da zur genauen Auswertung auch noch der durchschnittliche Lagerbestand benötigt wird.
(4) Die Lagerkosten sind höher als im Branchendurchschnitt.
(5) Die Lagerkosten können dem Branchendurchschnitt entsprechen, es kommt auf die Lagerdauer an.

Aufgabe 222

Welche der folgenden Aussagen zur Inventur ist zutreffend?

(1) Inventurlisten und Inventare sind von den Gesellschaftern zu unterschreiben.

(2) Inventare sind grundsätzlich mindestens zehn Jahre aufzubewahren.
(3) Die zeitlich verlegte Inventur kann innerhalb von vier Monaten vor und drei Monaten nach dem Bilanzstichtag erfolgen.
(4) Entscheidet man sich für eine permanente Inventur, kann auf eine körperliche Bestandsaufnahme generell verzichtet werden.
(5) Bei einer zeitnah durchgeführten Stichtagsinventur muss eine mengen- und wertmäßige Bestandsfortschreibung erfolgen.

Aufgabe 223

Mit welcher der folgenden Formeln lässt sich die Lagerumschlagshäufigkeit berechnen?

(1) Jahreszins · durchschnittliche Lagerdauer / 360
(2) 360 / durchschnittliche Lagerdauer
(3) Durchschnittlicher Lagerbestand / Wareneinsatz
(4) Durchschnittlicher Lagerbestand · 100 / Wareneinsatz · 360
(5) Wareneinsatz / durchschnittlicher Lagerbestand

Aufgabe 224

Der Mindestbestand eines Artikels beträgt 10 Stück. Die Beschaffungszeit sind 5 Tage, der tägliche Verbrauch 8 Stück.

Wie hoch ist der Meldebestand?

Aufgabe 225

Bei einer Analyse der Lagerkennzahlen stellt die MCC GmbH bei einem Artikel eine Lagerumschlagshäufigkeit von 12 fest.

Wie hoch ist die durchschnittliche Lagerdauer?

Aufgabe 226

Wie groß ist die Lagerumschlagshäufigkeit nach den angegebenen Zahlen der Buchhaltung? Runden Sie auf eine ganze Zahl.

Jahresanfangsbestand = 26.200,00 EUR
Jahresschlussbestand = 24.800,00 EUR
Wareneinkäufe = 304.600,00 EUR

Aufgabe 227

Als Mitarbeiter/-in im Warenhaus MCC haben Sie den Auftrag erhalten, einen Maßnahmenkatalog zu entwickeln, wie Bestandsabweichungen im Verkaufsraum möglichst minimiert werden können.

Welche der folgenden Maßnahmen ist nicht geeignet, dieses Ziel zu erreichen?

(1) Durchführung eines Verhaltenstrainings im Verdachts- und Ernstfall bei Ladendiebstählen
(2) Grundsätzlicher Verzicht auf das Einpacken der Artikel an der Kasse
(3) Elektronische Artikelsicherung der Produkte soweit technisch möglich
(4) Unauffällige Videoüberwachung im Verkaufsraum
(5) Sortenreines Kassieren an der Kasse

Aufgabe 228

Im Rahmen der Abschlussarbeiten in der Buchhaltung werden Sie gebeten, an der Erstellung des Inventars mitzuwirken. Wie gehen Sie vor?

(1) Sie stellen alle Einnahmen und Ausgaben des Geschäftsjahres in einer tabellarischen Übersicht gegenüber.
(2) Sie erfassen die Einnahmen und Ausgaben des Geschäftsjahres und stellen diese in Kontenform dar.
(3) Sie erstellen ein ausführlich gegliedertes tabellarisches Verzeichnis des Anlagevermögens und der Schulden.
(4) Sie erfassen alle Aufwendungen und Erträge der laufenden Rechnungsperiode und stellen diese in einem tabellarischen Verzeichnis gegenüber.
(5) Sie legen ein ausführlich gegliedertes tabellarisches Verzeichnis aller Vermögens- und Schuldenwerte des Geschäftsjahres an.

Aufgabe 229

Welche der folgenden Schulden zählen zu den langfristigen Verbindlichkeiten?

(1) Verbindlichkeiten an Lieferanten
(2) Umsatzsteuer-Zahllast
(3) Darlehen bei der Hausbank
(4) Sonstige Verbindlichkeiten gegenüber Sozialversicherungsträgern
(5) Sonstige Verbindlichkeiten gegenüber Finanzbehörden

Aufgabe 230

Für einen Artikel mit einem festgelegten Mindestbestand von 20 Stück und einem Meldebestand von 80 Stück werden täglich 10 Stück verbraucht.

Wie viel Tage beträgt die Beschaffungszeit?

Aufgabe 231

Sie haben vergessen, den Warenausgang von 5 Paar Ski-Schuhen in der EDV zu erfassen. Welche Auswirkung hat dieser Fehler?

(1) Der Istbestand ist zu hoch.
(2) Der Sollbestand ist zu niedrig.
(3) Der Sollbestand ist zu hoch.
(4) Der Istbestand stimmt mit dem Sollbestand überein.
(5) Der Meldebestand wird dadurch schneller erreicht.

Aufgabe 232

Welcher der folgenden Vorgänge führt zu einer Erhöhung der Lagerumschlagshäufigkeit in der MCC GmbH?

(1) Neue Artikel werden ins Sortiment aufgenommen.
(2) Der durchschnittliche Lagerbestand steigt.
(3) Die Lagerkosten steigen.
(4) Die durchschnittliche Lagerdauer verringert sich.
(5) Es werden zusätzliche Lagerräume bereitgestellt.

Aufgabe 233

Im Rahmen der Inventurarbeiten bei vorrätigen Küchenrollen ist eine mengenmäßige Abweichung zwischen Ist- und Sollbestand festgestellt worden. Der Istbestand ist niedriger als der Sollbestand.

Welcher der folgenden Sachverhalte kommt als Ursache infrage?

(1) Eine Materialentnahme wurde versehentlich nicht gebucht.
(2) Die Preise für die Küchenrollen sind gesunken.
(3) Die Preise für die Küchenrollen sind gestiegen.
(4) Eine Lieferung der Küchenrollen war zum Zeitpunkt der Inventur noch nicht bezahlt.
(5) Eine Materialentnahme aus dem Lager wurde versehentlich doppelt gebucht.

Aufgabe 234

Ein Lieferant teilt Ihnen mit, dass sich die Lieferfrist für einen Artikel um fünf Tage verkürzt. Welche Angabe im Warenwirtschaftssystem sollten Sie ändern?

(1) Den Mindestbestand
(2) Die durchschnittliche Lagerdauer
(3) Den Sollbestand
(4) Den „eisernen“ Bestand
(5) Den Meldebestand

Aufgabe 235

Welche der folgenden Aussagen zur Inventur ist nicht vollständig korrekt?

(1) Die Inventur ist die mengen- und wertmäßige Bestandsaufnahme aller Vermögensteile und Schulden zu einem bestimmten Zeitpunkt.
(2) Die Inventur wird in der Regel jährlich durchgeführt.
(3) Die Inventur ist das Bestandsverzeichnis aller Vermögensgegenstände eines Unternehmens.
(4) Die Inventur ist die Bestandsaufnahme zum Schluss des Geschäftsjahres.
(5) Eine Inventur muss bei der Gründung eines Unternehmens durchgeführt werden.

Aufgabe 236

Welche der folgenden Aussagen über die Entwicklung der Lagerkosten ist zutreffend?

(1) Umso niedriger der Kapitaleinsatz, desto höher die Lagerkosten
(2) Umso höher die Lagerumschlagshäufigkeit, desto niedriger die Lagerkosten
(3) Umso höher der Mindestbestand, desto niedriger die Lagerkosten
(4) Umso höher die Umsatzsteuer, desto höher die Lagerkosten
(5) Umso höher die durchschnittliche Lagerdauer, desto niedriger die Lagerkosten

Aufgabe 237

Welche Auswirkung ergibt sich für die Warenhaus MCC GmbH, wenn sich die Lieferzeit für einen Artikel unvorhergesehen verlängert?

(1) Die Kapitalkosten erhöhen sich.
(2) Da die durchschnittliche Lagerdauer steigt, sinken die Lagerzinsen.
(3) Der Mindestbestand wird unterschritten, bevor die neue Lieferung kommt.
(4) Der Mindestbestand wird später erreicht.
(5) Die durchschnittliche Lagerdauer erhöht sich.

Aufgabe 238

Welche der folgenden Aussagen über die Inventur ist zutreffend?

(1) Bei Aufnahme eines neuen Gesellschafters in die MCC GmbH muss eine neue Inventur erfolgen.
(2) Den genauen Termin für die Inventur erhält die MCC GmbH vom zuständigen Finanzamt.
(3) Die Inventur findet überwiegend zum Schluss des Geschäftsjahres statt.
(4) Eine zeitnahe Inventur ist innerhalb von 20 Tagen vor oder nach dem Bilanzstichtag durchzuführen.
(5) Bei einer Inventur werden alle Vermögens- und Schuldenwerte der MCC GmbH körperlich erfasst.

Aufgabe 239

Welcher der folgenden Vermögensteile der MCC GmbH hat die höchste Liquidität?

(1) Betriebs- und Geschäftsausstattung
(2) Fuhrpark
(3) Forderungen
(4) Warenvorräte
(5) Bankguthaben

Aufgabe 240

Bei einem Mindestbestand von 10 Stück und einer Beschaffungszeit von 5 Tagen ergibt sich ein Meldebestand von 65 Stück.

Wie hoch ist der tägliche Absatz?

Aufgabe 241

Welches Merkmal beeinflusst die Ermittlung des Bestellzeitpunktes nicht?

(1) Eigene Lagerkapazität
(2) Preiserhöhung des Lieferers
(3) Eigene Zahlungsfähigkeit
(4) Absatz in der Vergangenheit
(5) Anzahl der Lagermitarbeiter

Aufgabe 242

Welche der folgenden Aussagen zur Lagerumschlagshäufigkeit ist zutreffend?

(1) Je höher der Lagerzinssatz, desto höher ist die Lagerumschlagshäufigkeit.
(2) Je höher die Lagerumschlagshäufigkeit, desto höher ist die durchschnittliche Lagerdauer.
(3) Je geringer die Lagerumschlagshäufigkeit, desto geringer sind die Kosten für die Lagerhaltung.
(4) Je höher die Lagerumschlagshäufigkeit, desto geringer ist das Lagerrisiko.
(5) Zwischen der durchschnittlichen Lagerdauer und der Lagerumschlagshäufigkeit gibt es keinerlei Zusammenhang.

D

EINZELHANDELSPROZESSE

1. Stellung, Aufgaben und Leistungen des Einzelhandels

Aufgabe 243

Nennen und erläutern Sie die drei Kernaufgaben, die der Einzelhandel erfüllt.

Aufgabe 244

Nennen und erläutern Sie fünf Leistungen, die Einzelhandelsbetriebe ihren Kunden bzw. den Lieferanten bieten.

2. Organisation

Aufgabe 245

In der MCC GmbH wird ein Projektteam gebildet, das die Organisation des Unternehmens optimieren soll. Sie arbeiten in diesem Team mit. Im ersten Schritt soll die Aufbauorganisation des Unternehmens untersucht werden. Formulieren Sie drei Grundfragen, die im Zuge der Entwicklung einer Aufbauorganisation zu klären sind.

Aufgabe 246

Grundlage für die Aufbauorganisation ist die detaillierte Aufgabenanalyse. Gliedern Sie die Gesamtaufgabe „Ware einkaufen und an den Verbraucher verkaufen" in drei sinnvolle Teilaufgaben auf.

Aufgabe 247

Als Organisationsprinzip für die Abteilungsbildung kann zwischen produktbezogener Abteilungsbildung (Objektprinzip) und verrich-

tungsbezogener Abteilungsbildung (Funktionsprinzip) unterschieden werden. Erläutern Sie den Unterschied der beiden Abteilungsgliederungsprinzipien anhand eines konkreten Beispiels.

Aufgabe 248

Im Zuge der Neuorganisation der MCC GmbH ist in der Diskussion, das bisherige Einliniensystem zu einem Mehrliniensystem umzustellen. Beschreiben Sie die wesentlichen Unterschiede der beiden Weisungssysteme.

Aufgabe 249

Nennen Sie zwei Vor- und zwei Nachteile eines Mehrliniensystems.

Aufgabe 250

Ein weiterer Diskussionspunkt ist die Einrichtung von Stabsstellen.

Erklären Sie anhand von zwei Aspekten, wodurch sich Stabsstellen von anderen Stellen unterscheiden.

Aufgabe 251

Erläutern Sie die beiden Hauptziele der Ablauforganisation. Worin besteht das „Dilemma der Ablauforganisation"?

3. Beschaffung

Aufgabe 252

Sie sind als Mitarbeiter/-in der MCC GmbH für die Warenbeschaffung zuständig. Gegenwärtig planen Sie die Anschaffung einer Profi-Multifunktions-Fitnessstation, die in der Abteilung Sportartikel angeboten werden soll.

a) Formulieren Sie fünf Fragen, die Sie im Rahmen der Beschaffungsplanung klären müssen.

b) Ihnen liegt folgendes Angebot der Firma Sport-Tech GmbH vor.

Sport Tech GmbH

Sport Tech GmbH, Schwabenstraße 8, 90459 Nürnberg

Main City Center
MCC GmbH
Am roten Main 24
95444 Bayreuth

Eingegangen am

10. Oktober 20..

08.10.20..

Unser Angebot zu Ihrer Anfrage vom 2.10.20..

Sehr geehrte Damen und Herren,

wir bieten Ihnen aufgrund Ihrer Anfrage an:

Artikel-Nr.	**Artikelbezeichnung**	**Einzelpreis**
1987263	Fitness-Station Profi Center de Luxe, Schwarz	550,00 €

Unsere Preise gelten netto ab Lager Nürnberg. Bei Abnahme von 10 Stück gewähren wie einen Rabatt von 5 %. Die Lieferung erfolgt 5 Tage nach Auftragseingang. Für die Fracht berechnen wir pauschal 80,00 € netto.

Zahlbar innerhalb 10 Tagen unter Abzug von 2 % Skonto oder nach 30 Tagen ohne Abzug.
Die Ware bleibt bis zur vollständigen Bezahlung Eigentum der Sport Tech GmbH.

Mit freundlichen Grüßen

Claudia Berner

Claudia Berner

Die Sport Tech GmbH ist ein neuer Anbieter am Markt und hat die MCC GmbH bisher noch nicht beliefert. Ermitteln Sie für eine Bestellmenge von 10 Stück den Bezugspreis für die Fitnessstation. Gehen Sie davon aus, dass die MCC GmbH Skonto in Anspruch nimmt und stellen Sie die Bezugskalkulation übersichtlich dar.

c) Neben dem Angebot der Sport Tech GmbH erhalten Sie zwei weitere Angebote für eine qualitativ gleichwertige Fitness-Station.

Angebot 2 (Top Sport GmbH): Listenpreis netto 500,00 EUR, 20 % Rabatt ab der Abnahme von 10 Stück, Verpackungskosten 10,00 EUR je Stück trägt der Kunde, Fracht 90,00 EUR „ab Werk“ pauschal, Zahlungsbedingungen: 3 % Skonto innerhalb von 8 Tagen, Zahlungsziel 30 Tage.

Hinweise aus der internen Lieferantendatei: Bei den bisher gelieferten Sportgeräten häufig verspätete Lieferung, viele Kundenreklamationen.

Angebot 3 (Home Fitness KG): Listenpreis netto 590,00 EUR, 15 % Rabatt ab der Abnahmemenge von 10 Stück. Verpackungskosten 15,00 EUR je Stück trägt der Lieferer, Transportkosten 120,00 EUR „frei Haus“, Zahlungsbedingungen: 2 % Skonto innerhalb 8 Tagen, Zahlungsziel 30 Tage.
Hinweise aus der internen Lieferantendatei: Bisher immer pünktlich geliefert, keinerlei Kundenreklamationen.

Ermitteln Sie den Bezugspreis für die beiden Angebote und stellen Sie die Bezugskalkulation übersichtlich dar.
Für welches der drei Angebote würden Sie sich entscheiden, wenn Sie alle Entscheidungskriterien berücksichtigen? Begründen Sie Ihre Entscheidung.

Aufgabe 253

Die Abteilung „Herrenbekleidung“ der MCC GmbH arbeitet gerade an ihrer Einkaufsplanung für die kommende Einkaufsperiode. Sie werden damit beauftragt, eine Limitrechnung zu erstellen. Ihnen liegen folgende Daten vor:

Nettoumsatz: 980.000,00 EUR
Handelsspanne: 40 %
Lagerumschlagshäufigkeit: 3
Vorhandener Lagerbestand (Anfangsbestand): 140.000,00 EUR

a) Ermitteln Sie den geplanten Wareneinsatz.
b) Berechnen Sie den durchschnittlichen Lagerbestand.
c) Der vorhandene Lagerbestand hat einen Wert von 140.000,00 EUR (Anfangsbestand). Welcher Lagerbestand muss am Ende der kommenden Einkaufsperiode (Endbestand) erreicht werden, um zu dem in Aufgabe b) berechneten durchschnittlichen Lagerbestand zu gelangen?
d) Ermitteln Sie, welcher Mehrbestand an Waren auf der Grundlage der Ergebnisse von Aufgabe c) vorliegt.
e) Berechnen Sie das Nettolimit.
f) Um Mittel für aktuelle und stark nachgefragte Artikel einzuplanen, sollen Limitreserven in Höhe von 140.000,00 EUR eingeplant werden. Wie hoch ist das freigegebene Limit?
g) Nennen Sie drei Nachteile eines hohen Lagerbestandes.
h) Im Rahmen einer permanenten Inventur werden Inventurdifferenzen festgestellt. Zeigen Sie drei mögliche Ursachen auf.

Aufgabe 254

Als Mitarbeiter/-in der Abteilung Einkauf der MCC GmbH erhalten Sie heute vom Lager eine Bedarfsmeldung, weil für den Artikel Nr. 1483791 (Kochtopf, durchschnittlicher Tagesbedarf 2 Stück, Beschaffungszeit 5 Tage) der Meldebestand erreicht wurde. Sie beschließen, zunächst den Beschaffungsmarkt zu sondieren, um ggf. einen neuen Lieferanten ausfindig zu machen.

a) Nennen Sie in sachlogischer Reihenfolge vier wesentliche Arbeitsschritte im Beschaffungsprozess, die im Rahmen der Beschaffung der Kochtöpfe erforderlich sind.
b) Unterscheiden Sie die Begriffe „Mindestbestand“, „Meldebestand“ und „Höchstbestand“.
c) Nennen Sie die allgemeine Formel zur Berechnung des Meldebestands und berechnen Sie den Meldebestand für den Kochtopf, wenn der Mindestbestand 1 beträgt.
d) Nachdem der Meldebestand erreicht war, haben Sie eine Bestellung für den Kochtopf (Art. Nr.1483791) ausgelöst. In welcher Form kann die Bestellung abgegeben werden?

e) Der Kochtopf wird zur vereinbarten Lieferzeit angeliefert. Sie sind verantwortlich für den Wareneingang. Beschreiben Sie drei Tätigkeiten, die Sie im Rahmen des Wareneingangs grundsätzlich durchführen.

Aufgabe 255

In der Abteilung Herrenoberbekleidung hat eine neue Hemdenkollektion aus reiner Baumwolle hervorragende Absatzzahlen. Sie sind für eine effiziente Beschaffung der Hemden verantwortlich.

a) Ermitteln Sie aus den folgenden Angaben die optimale Bestellmenge, indem Sie die abgebildete Tabelle vervollständigen.

Jahresbedarf: 1.000 Stück
Einstandspreis: 12,50 EUR
Bestellkosten je Beschaffungsvorgang: 60,00 EUR
Lagerhaltungskosten: 1,50 EUR je Stück

Bestellhäufigkeit	Bestellmenge (VE)	Ø Lagerbestand = ½ Bestellmenge (in Stk.)	Lagerhaltungskosten pro Jahr (in EUR)	Bestellkosten pro Jahr (in EUR)	Gesamtkosten pro Jahr (in EUR)
1					
2					
4					
8					
10					

b) Erläutern Sie den zentralen Zielkonflikt in der Beschaffungsplanung.

c) Welche zwei Bedingungen müssen erfüllt sein, um von einem optimalen Lagerbestand sprechen zu können? Worin liegt die besondere Schwierigkeit, diesen optimalen Lagerbestand zu erreichen?

d) Lagerbestände werden oftmals auch als „totes Kapital" bezeichnet. Erläutern Sie, was mit diesem Begriff gemeint ist.

e) Um Ihrer Aufgabe der Optimierung des Beschaffungsprozesses gerecht zu werden, greifen Sie auch auf die Artikeldatei und die Lieferantendatei der MCC GmbH zurück. Nennen Sie jeweils zwei Informationen, die Sie dort finden.

Aufgabe 256

Die MCC GmbH erwägt, für die Sportartikel-Abteilung ein neues Laufband in das Sortiment aufzunehmen. Die Konditionen des Anbieters Sport-Schneider KG, der das Laufband „Speedy" anbietet, lauten wie folgt:

Listenpreis:	500,00 EUR
Rabatt:	10 %
Skonto:	2 % bei Zahlung innerhalb von 10 Tagen
Bezugskosten:	39,00 EUR

a) Stellen Sie das Kalkulationsschema für die Bezugskalkulation auf und ermitteln Sie den Bezugspreis für das Laufband.

b) Neben dem Angebot der Sport-Schneider KG liegen der MCC GmbH noch weitere Angebote verschiedener Lieferanten vor, die sich preislich auf etwa gleichem Niveau bewegen. Nennen Sie fünf Kriterien, die bei der Wahl eines Lieferanten – neben dem Bezugspreis – berücksichtigt werden sollten.

c) Bezüglich der Ermittlung des optimalen Bestellzeitpunktes wird zwischen dem Bestellrhythmusverfahren und dem Bestellpunktverfahren unterschieden. Die MCC GmbH hat sich für das Bestellpunktverfahren entschieden. Erklären Sie die beiden Verfahren und erläutern Sie anhand von zwei Argumenten, warum die MCC GmbH das Bestellpunktverfahren gewählt haben könnte.

d) Nach reiflicher Überlegung entscheidet sich die MCC GmbH, das Laufband bei der Sport-Schneider KG zu bestellen. Durch ein verbindliches Angebot des Lieferanten und die Bestellung des Kunden ist hier ein rechtsgültiger Kaufvertrag zustande gekommen. Nennen Sie drei Formulierungen in Angeboten, die dazu führen, dass das Angebot im Hinblick auf seine rechtliche Verbindlichkeit eingeschränkt bzw. rechtlich unverbindlich wird.

Aufgabe 257

Als Mitarbeiter/-in im Warenhaus MCC gehört es u. A. zu Ihren Aufgaben, Prozesse zu optimieren und auf der Grundlage der Daten des computergestützten Warenwirtschaftssystems wirtschaftliche Überlegungen zur Sortimentsgestaltung, zu den Bestellmengen sowie zu Lagerbeständen und Lagerkosten anzustellen. Ihnen liegt der folgende Auszug des Warenwirtschaftssystems vor:

Art.-Nr.	Bruttoverkaufspreis (in EUR)	Bestellmenge	Bestand	Monatsabsatz	Monatsumsatz (in EUR)	Rohgewinn (in EUR)
1058	110,00	50	40	30	3.300,00	1.260,00
4214	29,90	100	42	60	1.794,00	588,00
4260	199,00	25	32	10	1.990,00	930,00
4681	110,00	50	38	40	4.400,00	1.540,00
4789	69,90	160	20	90	6.291,00	2.709,00
7403	439,00	5	2	3	1.317,00	630,00
8213	59,00	100	36	60	3.540,00	1.290,00
8793	9,90	200	95	100	990,00	200,00

a) Welche zwei Produkte sind die mengenmäßigen „Renner“ und „Penner“?

b) Welche zwei Produkte sind die „Renner“ und „Penner“ hinsichtlich des Monatsumsatzes?

c) Welche zwei Produkte sind die „Renner“ und „Penner“ hinsichtlich des Rohgewinns?

d) Wodurch unterscheidet sich der Rohgewinn vom Reingewinn?

e) Für den Artikel 4789 liegen Ihnen folgende Daten vor:

Sicherheitsbestand:	10 Stück
Tagesumsatz:	3 Stück
Lieferzeit:	10 Tage

Berechnen Sie den Meldebestand.

f) Bei welchem Artikel reicht der Vorrat bei gleichbleibendem Monatsabsatz für mindestens drei Monate?

g) Bezüglich der Einstandspreise liegen Ihnen folgende Daten vor:

Artikelnummer	Einstandspreis (in EUR)
4214	18,90
4789	38,50
8213	39,90

Berechnen Sie für die drei Artikel jeweils den Kalkulationszuschlag und die Handelsspanne.

h) Im Rahmen Ihrer Aufgabe, die Prozesse der Warenwirtschaft zu optimieren, achten Sie im Lager auch auf einen „rationellen Warenfluss". Erläutern Sie, was damit gemeint ist.

Aufgabe 258

Sie sind als Mitarbeiter/-in der MCC GmbH für die Warenbeschaffung zuständig. Gegenwärtig planen Sie die Beschaffung eines E-Bikes im unteren Preissegment, das in der Sportabteilung angeboten werden soll.

a) Ihnen liegen die beiden folgenden Angebote vor.

Angebot 1 (Bike & Fun GmbH): Listenpreis netto 1.500,00 EUR, 10 % Liefererrabatt, Zahlungsbedingungen: 2 % Skonto innerhalb von acht Tagen, Zahlungsziel 30 Tage, Bezugskosten 50,00 EUR

Angebot 2 (Fahrrad Meier KG): Listenpreis netto 1.450,00 EUR, kein Liefererrabatt, Zahlungsbedingungen: 2 % Skonto innerhalb acht Tagen, Zahlungsziel 30 Tage, Bezugskosten 90,00 EUR

Ermitteln Sie den Bezugspreis für die beiden Angebote und stellen Sie die Bezugskalkulation übersichtlich dar. Gehen Sie dabei davon aus, dass die MCC GmbH den Skontoabzug in Anspruch nimmt.

b) Nennen Sie fünf weitere Entscheidungskriterien, die neben dem Bezugspreis für die Lieferantenauswahl eine Rolle spielen.

c) Aus der Sportabteilung liegt Ihnen folgende Kalkulation über eine Hantelbank vor.

Listeneinkaufspreis	50,00 EUR
– Liefererrabatt (12 %)	6,00 EUR
= Zieleinkaufspreis	44,00 EUR
– Liefererskonto (3 %)	1,32 EUR
= Bareinkaufspreis	42,68 EUR
+ Bezugskosten	1,00 EUR
= Bezugspreis	43,68 EUR
+ Handlungskosten (50 %)	21,84 EUR
= Selbstkostenpreis	65,52 EUR
+ Gewinn (13 %)	8,52 EUR

= Nettoverkaufspreis	74,04 EUR
+ 19 % Umsatzsteuer	14,06 EUR
Bruttoverkaufspreis	88,10 EUR

Aufgrund der langjährigen Geschäftsbeziehungen gewährt Ihnen der Lieferant 15 % statt der bisherigen 10 % Rabatt. Die Hantelbank soll den Kunden aber weiterhin zum bisherigen Bruttoverkaufspreis von 88,10 EUR angeboten werden.

c1) Ermitteln Sie den neuen Bezugspreis.

c2) Ermitteln Sie den neuen Gewinn in Euro und den neuen prozentualen Gewinnzuschlag.

Aufgabe 259

Sie sind in der MCC GmbH der Ansprechpartner für interne EDV-Probleme. Neben der Betreuung des Warenwirtschaftssystems sind Sie u. a. auch für die Datensicherung zuständig. Nennen Sie fünf Aufgaben, die das Warenwirtschaftssystem erfüllt.

4. Absatz

Aufgabe 260

In der Abteilung Unterhaltungselektronik des Warenhauses MCC werden u. a. Fernsehgeräte verkauft. Aus der Verkaufsstatistik ist herauszulesen, dass die Absatzzahlen im letzten Jahr in dieser Produktgruppe um ca. 40 % eingebrochen sind. Um die Situation zu verbessern, soll Marktforschung betrieben und das Marketingkonzept entsprechend überarbeitet und optimiert werden.

a) Im Rahmen der Marktforschung wird zwischen Marktanalyse und Marktbeobachtung unterschieden. Definieren Sie die beiden Begriffe.

b) Nennen Sie vier Informationen, die Sie durch die Marktforschung gewinnen können.

c) Um ein neues Werbekonzept für den Bereich der Unterhaltungselektronik zu entwickeln, entscheidet sich die Geschäftsführung der MCC GmbH dafür, eigens eine Werbeagentur zu beauftragen. Nennen Sie zwei Gründe, die für die Beauftragung einer Werbeagentur sprechen.

d) Nach Durchführung einer von der Werbeagentur konzipierten Werbeaktion soll deren Erfolg ermittelt werden. Geben Sie drei Kennzahlen an, die Aufschluss über den Erfolg der Werbeaktion geben können.

e) Erläutern Sie, warum die Ermittlung des Werbeerfolgs auf der Grundlage von Kennzahlen nur einen begrenzten Aussagegehalt hat.

Aufgabe 261

Das Laufband „Aktiva", das in der Sportartikelabteilung der MCC GmbH angeboten wird, befindet sich innerhalb seines Produktlebenszyklus in der Degenerationsphase (Rückgangsphase).

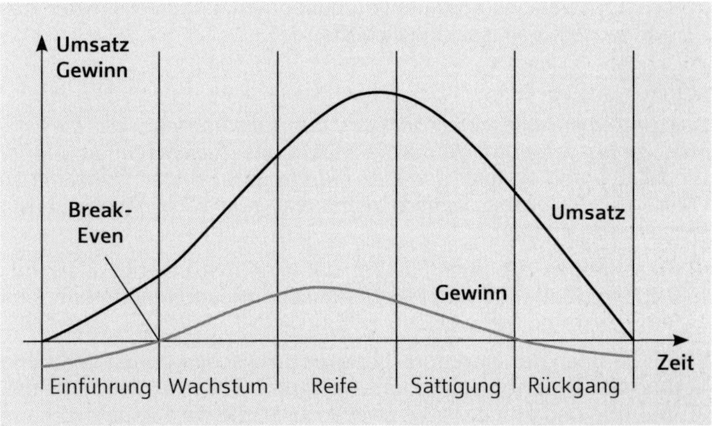

a) Beschreiben Sie zwei Merkmale der Degenerationsphase.

b) Eine Einordnung des Laufbands „Aktiva" in die Portfolio-Matrix ergibt, dass dieses Produkt im letzten Geschäftsjahr noch als „Cash Cow" eingeschätzt wurde, sich mittlerweile jedoch zum „Poor Dog" entwickelt hat. Definieren Sie jeweils anhand der Merkmale Marktanteil und Marktwachstum, wodurch „Cash Cows" und „Poor Dogs" gekennzeichnet sind.

c) Schlagen Sie zwei Maßnahmen vor, wie die MCC GmbH in dieser Phase sinnvoll vorgehen könnte.

d) Nennen Sie drei andere Phasen des Produktlebenszyklus.

Aufgabe 262

In der Sportartikelabteilung des Warenhauses MCC sind die Produkte des Wintersportartikelherstellers „Snow & Fun“ massiv eingebrochen. Der Hersteller teilt seinen Kunden (Groß- und Einzelhandelsunternehmen) mit, dass er plant, seine Marketingaktivitäten deutlich zu intensivieren und daher für die nächste Wintersaison wieder deutlich steigende Absatzzahlen erwarte.

a) Nennen Sie die vier Elemente des Marketingmix und erläutern Sie diese jeweils kurz.

b) Nennen Sie vier Gestaltungsbereiche der Produktpolitik.

c) Aufgrund der Absatzschwierigkeiten denkt die MCC GmbH darüber nach, die „Snow & Fun“-Artikel zukünftig nur noch als Kommissionsware ins Sortiment aufzunehmen. Erläutern Sie den Ablauf eines Kommissionsgeschäfts.

Aufgabe 263

Das Betreiben eines Warenhauses mit Vollsortiment, wie dies die MCC GmbH betreibt, erfordert ein ständiges Präsentsein am Markt. Die MCC GmbH verfolgt das Ziel, Marktentwicklungen frühzeitig zu erkennen, um absatzpolitisch rechtzeitig und wirkungsvoll darauf reagieren zu können.

a) Beschreiben Sie den Einsatz der vier Instrumente Marktforschung, Marktanalyse, Marktbeobachtung und Markterkundung am konkreten Beispiel.

b) Im Rahmen der Marktforschung wird zwischen Primärforschung und Sekundärforschung unterschieden. Erklären Sie die beiden Begriffe und erläutern Sie zwei Vorteile, die die Primärforschung gegenüber der Sekundärforschung bietet.

c) Definieren Sie, was unter „repräsentativen Daten“ zu verstehen ist und erläutern Sie deren Bedeutung im Rahmen der Marktforschung.

5. Personalwirtschaft

Aufgabe 264

Als Mitarbeiter/-in im Bereich Personalwesen der MCC GmbH sind Sie unter anderem für die Personalbeschaffung zuständig. Aktuell sind Sie wegen der überraschenden Kündigung des in der Einkaufsabteilung beschäftigten Sachbearbeiters Max Meyer (siehe folgende Abbildung) damit beschäftigt, dessen Stelle zum 01.10. d. J. neu zu besetzen. Sie hatten zu diesem Zweck eine Anzeige im „Nordbayerischen Kurier" geschaltet. Von den daraufhin eingegangenen 29 Bewerbungen haben Sie sechs in die engere Wahl genommen und wollen mit diesen Interessenten ein ganztägiges Assessment-Center durchführen.

Max Meyer — Badstraße 32 — 95448 Bayreuth

Warenhaus Main City Center
MCC GmbH
Am roten Main 24
95444 Bayreuth

Eingegangen am
16. März 20..

Bayreuth, 15.03.20..

Kündigung

Sehr geehrte Damen und Herren,

hiermit kündige ich mein Arbeitsverhältnis zum nächstmöglichen Termin.

Mit freundlichen Grüßen

Max Meyer

a) Herr Meyer war zum Zeitpunkt seiner Kündigung 39 Jahre alt und seit zehn Jahren bei der MCC GmbH beschäftigt. Für sein Ausscheiden ist die nachstehend abgedruckte gesetzliche Kündigungsregelung anzuwenden.

Bestimmen Sie den letzten Tag des Arbeitsverhältnisses von Herrn Meyer.

§ **Auszug aus dem BGB:**

§ 622 Kündigungsfristen bei Arbeitsverhältnissen

(1) Das Arbeitsverhältnis eines Arbeiters oder eines Angestellten (Arbeitnehmers) kann mit einer Frist von vier Wochen zum Fünfzehnten oder zum Ende eines Kalendermonats gekündigt werden.

(2) Für eine Kündigung durch den Arbeitgeber beträgt die Kündigungsfrist, wenn das Arbeitsverhältnis in dem Betrieb oder Unternehmen

1. zwei Jahre bestanden hat, einen Monat zum Ende eines Kalendermonats,
2. fünf Jahre bestanden hat, zwei Monate zum Ende eines Kalendermonats,
3. acht Jahre bestanden hat, drei Monate zum Ende eines Kalendermonats,
4. zehn Jahre bestanden hat, vier Monate zum Ende eines Kalendermonats,
5. zwölf Jahre bestanden hat, fünf Monate zum Ende eines Kalendermonats,
6. 15 Jahre bestanden hat, sechs Monate zum Ende eines Kalendermonats,
7. 20 Jahre bestanden hat, sieben Monate zum Ende eines Kalendermonats.

b) Nach Abstimmung mit dem Betriebsrat kann die Stelle von Herrn Meyer gleich extern ausgeschrieben werden. Erläutern Sie zwei Vorteile und zwei Nachteile einer externen Stellenbesetzung im Vergleich zur internen Stellenausschreibung aus der Sicht der MCC GmbH.

c) Unter Abwägung aller Gesichtspunkte entscheidet sich die MCC GmbH für eine externe Stellenbesetzung und schaltet eine Stellenanzeige in der lokalen Tageszeitung. Erklären Sie den Unterschied zwischen einer Stellenanzeige und einer Stellenbeschreibung.

d) Als Reaktion auf die Stellenanzeige gehen bei der MCC GmbH eine Reihe von Bewerbungen ein. Nennen Sie drei Unterlagen, die einer schriftlichen Bewerbung beigefügt sein sollten.

Aufgabe 265

Sie sind in der MCC GmbH unter anderem für die Entgeltabrechnung zuständig. Heute bearbeiten Sie u. A. die Gehaltsabrechnung der kaufmännischen Mitarbeiterin Barbara Höhn. Sie hat ein Bruttoeinkommen von 2.600,00 EUR. Frau Höhn ist geschieden und hat zwei Kinder, die bei ihr wohnen. Sie ist Mitglied in der katholischen Kirche.

a) Nach welcher Steuerklasse sind die Einkünfte von Frau Höhn zu versteuern?

b) Welche Abzüge sind von diesem Bruttoeinkommen abzuziehen? Geben Sie jeweils an, an wen die MCC GmbH die entsprechenden Beträge abzuführen hat.

c) Im Rahmen der Lohnzahlungen entstehen der MCC GmbH durch die Arbeitgeberbeiträge zur Sozialversicherung zusätzliche Kosten. Nennen Sie zwei weitere Beispiele für Lohnnebenkosten.

d) Frau Höhn war aufgrund einer Schulterverletzung im vergangenen Jahr acht Wochen am Stück krankgeschrieben. Stellen Sie dar, wer in diesem Zeitraum Zahlungen an Frau Höhn geleistet hat. Geben Sie jeweils die korrekte Bezeichnung der Zahlung an.

e) Zahlreiche Untersuchungen zeigen, dass ein zufriedenstellendes Lohnniveau für die dauerhafte Mitarbeitermotivation nicht ausreicht.

   Nennen Sie vier Beispiele, wie die Leistungsbereitschaft der Mitarbeiter gesteigert werden kann.

Aufgabe 266

Sie sind in der MCC GmbH für die Personalbedarfsplanung und die Personalbeschaffung verantwortlich. In den letzten drei Jahren lässt sich eine stetig gestiegene Mitarbeiterfluktuation feststellen.

a) Erklären Sie, was unter dem Begriff Mitarbeiterfluktuation zu verstehen ist.

b) Nennen Sie vier mögliche Ursachen dafür, wie es zu der hohen Mitarbeiterfluktuation kommen konnte.

c) Sie haben die Aufgabe, den Netto-Personalbedarf der MCC GmbH für das kommende Jahr zu berechnen. Stellen Sie eine Formel auf, mit der sich diese Größe ermitteln lässt.

d) Schlagen Sie drei Möglichkeiten vor, wie die MCC GmbH benötigtes Personal beschaffen kann.

e) Sie übernehmen die Personaleinsatzplanung als zusätzlichen Aufgabenbereich. Nennen Sie vier Aspekte, die bei der Personaleinsatzplanung zu berücksichtigen sind.

Aufgabe 267

Die Geschäftsleitung der MCC GmbH plant, in nächster Zeit ein neues Beurteilungssystem einzuführen.

a) In Zusammenarbeit mit dem Betriebsrat sollen die Beurteilungskriterien konkretisiert werden. Nennen Sie sechs mögliche Beurteilungskriterien.

b) Erläutern Sie drei Vorteile, die eine regelmäßige Beurteilung aus Sicht der MCC GmbH haben kann.

c) Als ein Element des neuen Beurteilungssystems werden in der MCC GmbH Zielvereinbarungsgespräche eingeführt, die alle Vorgesetzten einmal jährlich mit ihren Mitarbeitern zu führen haben. Formulieren Sie drei Regeln für Vorgesetzte, die für die erfolgreiche Durchführung solcher Gespräche von Bedeutung sind.

Aufgabe 268

Als Mitarbeiter/-in der Personalabteilung haben Sie die Aufgabe, die Entwicklung des Krankenstands der MCC GmbH zu überprüfen. Der durchschnittliche Krankenstand der Mitarbeiter hat sich im vergangenen Jahr wie folgt entwickelt:

Januar	5,8 %
Februar	5,7 %
März	4,3 %
April	4,1 %
Mai	3,4 %
Juni	2,3 %

Juli	1,7 %
August	1,6 %
September	2,1 %
Oktober	2,4 %
November	3,9 %
Dezember	4,1 %

a) Berechnen Sie den durchschnittlichen monatlichen Krankenstand der MCC GmbH im vergangenen Jahr (in Prozent).
b) Beschreiben Sie den Verlauf der Krankenquote im Laufe des vergangenen Jahres. Gehen Sie dabei auch auf mögliche Ursachen für die Schwankungen ein.
c) Erläutern Sie drei mögliche betriebliche Ursachen, die zu einem Anstieg des Krankenstandes führen können.
d) Nennen Sie drei Ansatzpunkte, wie die MCC GmbH einem hohen Krankenstand vorbeugen kann.

6. Investition und Finanzierung

Aufgabe 269

Unterscheiden Sie die Begriffe Außenfinanzierung, Innenfinanzierung, Eigenfinanzierung und Fremdfinanzierung.

Aufgabe 270

Was versteht man unter einem Kontokorrentkredit?

Aufgabe 271

Unterscheiden Sie drei verschiedene Darlehensarten.

Aufgabe 272

Stellen Sie den Kreditkauf dem Leasing gegenüber, indem Sie die beiden Finanzierungsvarianten anhand von drei Aspekten vergleichen.

E

GRUNDLAGEN DES RECHNUNGSWESENS

1. Aufgaben und Teilbereiche des Rechnungswesens

Aufgabe 273

Nennen Sie vier Aufgaben des Rechnungswesens und erläutern Sie diese jeweils anhand eines Beispiels.

Aufgabe 274

Nennen Sie drei Teilbereiche des Rechnungswesens.

Aufgabe 275

Erläutern Sie anhand von drei Aspekten den Unterschied zwischen internem und externem Rechnungswesen.

2. Kaufmännisches Rechnen

Aufgabe 276

20 Meter eines Stoffes kosten 40,00 EUR. Wie viel kosten 50 Meter?

Aufgabe 277

6 Mitarbeiter brauchen für Inventurarbeiten 18 Stunden. Wie lange brauchen 9 Mitarbeiter?

Aufgabe 278

6 Mitarbeiter zählen bei der Inventur 10.000 Artikel in 18 Stunden. Wie viele Stunden benötigen 9 Mitarbeiter für 12.500 Artikel?

Aufgabe 279

Berechnen Sie den Durchschnittspreis von Artikel A bis C.

	Preis in EUR
Artikel A	67,95
Artikel B	58,95
Artikel C	49,95

Aufgabe 280

Berechnen Sie den gewogenen Durchschnittspreis der Artikel.

	Preis in EUR	Verkaufsmenge
Artikel A	67,95	70
Artikel B	58,95	95
Artikel C	49,95	65

Aufgabe 281

Das Stadtbauamt stellt den drei Unternehmen Arner OHG, Bohr KG und CRW GmbH die Anliegerkosten von 260.000,00 EUR für den Straßenbau im Gewerbegebiet in Rechnung, die nach der Länge der Straßenfront im Verhältnis 6 : 5 : 2 zu verteilen sind. Wie hoch sind die Baukostenanteile der Unternehmen?

Aufgabe 282

In der Schneider KG bestehen von 20 Auszubildenden 18 die Abschlussprüfung. In der Meyer GmbH bestehen von 16 Auszubildenden 14 die Prüfung. Welches der beiden Unternehmen war erfolgreicher?

Aufgabe 283

Ein Kaufmann hat bei einem Monatsumsatz von 45.000,00 EUR Kosten in Höhe von 20 %. Wie viel Euro sind das?

Aufgabe 284

Familie Schmidt muss 25 % ihres Nettoeinkommens für die Miete aufbringen. Diese beträgt 850,00 EUR monatlich. Wie hoch ist das Nettoeinkommen der Familie Schmidt?

Aufgabe 285

Das Warenhaus MCC bietet ein TV-Gerät nach einer Preiserhöhung von 4 % zum neuen Preis von 468,00 EUR an. Wie viel Euro betrug der ursprüngliche Preis vor der Preiserhöhung?

Aufgabe 286

Die MCC GmbH bezahlt eine Rechnung nach Abzug von 2 % Skonto und überweist 1.254,40 EUR. Wie hoch war der Rechnungsbetrag?

Aufgabe 287

Die MCC GmbH erhält folgende Warensendung:

Ware A: 120 kg zu je 12,95 EUR je kg
Ware B: 150 kg zu je 9,95 EUR je kg
Ware C: 180 kg zu je 8,95 EUR je kg
Für die gesamte Sendung fallen Gewichtsspesen in Höhe von 495,00 EUR an.

Wie viel Gewichtsspesen entfallen auf die Ware C?

Aufgabe 288

Der Verkaufspreis einer Ware betrug ursprünglich 100,00 EUR. Zunächst wurde der Preis um 20 % herabgesetzt. Als trotz der Preissenkung kein Verkaufserfolg erzielt wurde, entschied sich die MCC GmbH zu einer weiteren Preissenkung von 30 %. Der Artikel blieb trotzdem ein Ladenhüter. Um Platz im Lager zu schaffen, wurde der Preis ein weiteres Mal um 50 % gesenkt. Erst jetzt konnte der Artikel endlich verkauft werden. Zu welchem Preis wurde die Ware zuletzt angeboten?

Aufgabe 289

In einer Abteilung des Warenhauses MCC sollen im Rahmen eines Jubiläumsverkaufs umsatzbezogene Prämien bezahlt werden. Für einen Umsatz von 1.000,00 EUR ist eine Umsatzprämie von 24,90 EUR vorgesehen. Die Abteilung hat einen Umsatz von 2.639,95 EUR erzielt. Ermitteln Sie, wie viel Euro die Umsatzprämie in diesem Fall beträgt.

Aufgabe 290

Aus folgenden drei Waren wird in der Süßwarenabteilung des Warenhauses MCC eine Mischung hergestellt.

Ware A: 15 kg zu je 9,00 EUR
Ware B: 9 kg zu je 8,20 EUR
Ware C: 7 kg zu je 9,90 EUR

Welchen durchschnittlichen Wert hat ein Kilogramm der Mischung?

Aufgabe 291

In der MCC GmbH erzielte eine Abteilung im vorletzten Jahr mit durchschnittlich 16 Verkäufern einen Umsatz von 720.120,00 EUR. Im darauf folgenden Jahr wurde mit durchschnittlich 14 Verkäufern ein Umsatz von 700.000,00 EUR erzielt.

Um wie viel Prozent stieg der durchschnittliche Umsatz je Verkäufer? (Runden Sie das Ergebnis auf eine Stelle nach dem Komma.)

Aufgabe 292

Der Verkaufspreis einer Ware wurde zunächst um 10 % und einen Monat später noch einmal um 30 % herabgesetzt. Um wie viel Prozent wurde der Preis insgesamt reduziert?

Aufgabe 293

In einer Abteilung der MCC GmbH werden an vier Verkäuferinnen 1.800,00 EUR Treueprämie verteilt. Die Höhe der einzelnen Prämie richtet sich nach der Zahl der Jahre, die die Verkäuferin im Warenhaus MCC tätig war.

Frau Beetz: 20 Arbeitsjahre
Frau Dietl: 25 Arbeitsjahre
Frau Ehler: 30 Arbeitsjahre
Frau Grüb: 25 Arbeitsjahre

Wie viel Euro erhält Frau Ehler?

Aufgabe 294

Berechnen Sie die Tara in Prozent, wenn das Bruttogewicht 295 kg und die Tara 11,9 kg betragen. (Runden Sie das Ergebnis auf eine Nachkommastelle.)

Aufgabe 295

Der Verkaufspreis einer Ware wurde zunächst um 25 % und einen Monat später noch einmal um 20 % herabgesetzt. Um wie viel Prozent wurde der Preis insgesamt reduziert?

Aufgabe 296

Die MCC GmbH erhält folgende Warensendung:

Ware A: 400 kg zu je 23,90 EUR je kg
Ware B: 350 kg zu je 24,95 EUR je kg
Ware C: 200 kg zu je 29,95 EUR je kg
Für die gesamte Sendung fallen Gewichtsspesen in Höhe von 945,00 EUR an.

Wie viel Gewichtsspesen entfallen auf die Ware B?

Aufgabe 297

Der Barzahlungspreis für ein Handy beträgt 420,00 EUR. Die Summe der Raten beim Ratenkauf ergibt 540,00 EUR. Wie hoch ist der prozentuale Zuschlag beim Ratenkauf? (Runden Sie das Ergebnis auf eine Nachkommastelle.)

Aufgabe 298

Die MCC GmbH bezieht in einer Warensendung:

Ware A: 400 kg zu 2,00 EUR je kg
Ware B: 600 kg zu 2,50 EUR je kg
Ware C: 700 kg zu 3,00 EUR je kg
An Bezugskosten entstehen:
Fracht: 102,00 EUR
Transportversicherung: 66,00 EUR

Wie viel Euro Wertspesen entfallen auf die Ware C?

Aufgabe 299

Der Verkaufspreis einer Ware betrug ursprünglich 20,00 EUR. Er wurde zunächst um 20 % und einen Monat später noch einmal um 20 % herabgesetzt. Wie hoch ist der Preis jetzt?

Aufgabe 300

Bei der MCC GmbH erzielte eine Abteilung im vorletzten Jahr mit durchschnittlich sechs Verkäufern einen Umsatz von 321.296,00 EUR. Im darauf folgenden Jahr wurde mit durchschnittlich fünf Verkäufern ein Umsatz von 317.360,00 EUR erzielt. Um wie viel Prozent stieg der durchschnittliche Umsatz je Verkäufer? (Runden Sie das Ergebnis auf eine Stelle nach dem Komma.)

Aufgabe 301

Nach einer Preissenkung von 5,5 % beträgt der Preis für einen Artikel 26,46 EUR. Wie hoch war der ursprüngliche Preis?

Aufgabe 302

In der MCC GmbH erzielte eine Abteilung im vorletzten Jahr mit durchschnittlich elf Verkäufern einen Umsatz von 420.170,00 EUR. Im darauf folgenden Jahr wurde mit durchschnittlich neun Verkäufern ein Umsatz von 415.900,00 EUR erzielt. Um wie viel Prozent stieg der durchschnittliche Umsatz je Verkäufer? (Runden Sie das Ergebnis auf eine Stelle nach dem Komma.)

3. Kostenrechnung/Kalkulation

Aufgabe 303

Bayreuther Spezialitäten GmbH

Bayr. Spezialitäten GmbH, Äußere Badstraße 32, 95448 Bayreuth

Main City Center
MCC GmbH
Am roten Main 24
95444 Bayreuth

Eingegangen am
29. April 20..

27.04.20..

Rechnung

Wir lieferten Ihnen am 22.04.20.. frei Haus:

Artikelbezeichnung	Art.-Nr.	Menge (Stück)	Einzelpreis (EUR)	Gesamtpreis (EUR)
Fertiggericht „Bayreuther Kloß mit Soß“	030815	600	2,90	1.740,00

Skonto	Skonto-Frist	Netto-Frist	USt-pflichtiger Betrag	USt-Satz	USt	Rechnungsbetrag
2 %	8 Tage	30 Tage	1.740,00	7 %	121,80	1.861,80

a) Die Rechnung wird am 04.05. unter Ausnutzung von Skonto beglichen. Ermitteln Sie den Überweisungsbetrag.

b) Berechnen Sie den Bezugspreis für ein Fertiggericht.

Aufgabe 304

Die MCC GmbH nimmt ein Damenkleid in ihr Sortiment auf. Berechnen Sie den Bezugspreis für das Damenkleid, wenn folgende Angaben vorliegen:

Listenpreis: 500,00 EUR; Rabatt: 10 %; Skonto: 2 %; Bezugskosten: 39,00 EUR

Aufgabe 305

Das Warenhaus MCC möchte ab dem 01.08. einen neuen Herrenanzug ins Sortiment aufnehmen.

Als Reaktion auf mehrere Anfragen erhält es die nachstehenden fünf Angebote. Welches ist das günstigste Angebot?

Angebot	vom	EUR/Stück	Lieferzeit	Skonto
(1)	04.06.	36,70	sofort	–
(2)	04.06.	38,48	sofort	2 %
(3)	07.06.	37,50	auf Abruf	2 %
(4)	10.06.	37,70	in 4 Wochen	3 %
(5)	10.06.	36,45	in 8 Wochen	–

Aufgabe 306

Die MCC GmbH nimmt ein Damenkleid in ihr Sortiment auf. Berechnen Sie den Verkaufspreis für das Kleid, wenn folgende Angaben vorliegen:

Listenpreis:	500,00 EUR
Liefererrabatt:	10 %
Liefererskonto:	2 %
Bezugskosten:	39,00 EUR
Handlungskosten:	$16\frac{2}{3}$ %
Gewinn:	8 %

Aufgabe 307

Um konkurrenzfähig zu sein, muss ein Einzelhändler eine Musikanlage zu einem Verkaufspreis anbieten, der nicht über 75,00 EUR liegt. Er kalkuliert mit Handlungskosten in Höhe von 30 %. Wie hoch darf der Bezugspreis maximal sein, wenn er 10 % Gewinn machen will?

Aufgabe 308

Der Fahrradhändler Ulrich möchte ein neues Mountainbike in sein Sortiment aufnehmen. Dieses soll zu einem Preis von 1.695,00 EUR einschließlich 19 % USt. angeboten werden. Der Hersteller gibt das Fahrrad zu einem Listenpreis von 860,00 EUR ab und gewährt bei Barzahlung 2 % Skonto. Die Bezugskosten pro Fahrrad betragen 5,80 EUR. Der Fahrradhändler kalkuliert mit 60 % Handlungskosten. Lohnt sich der Verkauf dieses Fahrrads?

Aufgabe 309

Für den Monat Mai liegen Ihnen folgende Daten zu zwei Artikeln aus dem Sortiment Herrenanzüge vor.

	Herrenanzug „Business“	Herrenanzug „Smart“
Anfangsbestand in Stück (01.05.20..)	4	6
Einkäufe in Stück	9	8
Rücksendungen an Lieferer in Stück	1	2
Bezugspreis pro Stück (in EUR)	69,90	49,90
Endbestand in Stück (31.05.20..)	3	2
Kalkulationszuschlag in %	70	
Bruttoverkaufspreis (in EUR)		89,90

a) Wie viele Herrenanzüge „Business“ wurden im Mai verkauft?

b) Wie viel Euro beträgt der Wareneinsatz beim Herrenanzug „Business“?

c) Ermitteln Sie den Bruttoverkaufspreis für den Herrenanzug „Business“

d) Ermitteln Sie die Umsatzsteuer (in EUR), die im Verkaufspreis des Anzuges „Smart“ enthalten ist.

e) Berechnen Sie den Kalkulationszuschlag, mit dem beim Herrenanzug „Smart“ kalkuliert worden ist.

Aufgabe 310

Welcher Preis ist am geeignetsten, Angebote verschiedener Lieferanten zu vergleichen?

(1) Der Bezugspreis
(2) Der Bareinkaufspreis
(3) Der Selbstkostenpreis
(4) Der Nettoverkaufspreis
(5) Der Listeneinkaufspreis

Aufgabe 311

Wie viel Euro beträgt der Bezugspreis pro Stück bei folgendem Angebot, wenn mindestens 1.000 Stück abgenommen werden?

Preis pro 100 Stück: 1.100,00 EUR
Mengenrabatt bei Abnahme von 1.000 Stück: 10 %
Skonto: 2 %, Bezugskosten pro 1.000 Stück: 50,00 EUR

Aufgabe 312

Das Warenhaus MCC GmbH plant einen neuen Artikel ins Sortiment aufzunehmen. Sie erhält für das Produkt von drei verschiedenen Großhändlern die folgenden drei Angebote:

Angebot 1: Listenpreis 65,00 EUR, Rabatt 15 % bei einer Mindestabnahme von 200 Stück, Skonto 3 %, Bezugskosten 110,00 EUR je 100 Stück.

Angebot 2: Listenpreis 75,30 EUR, Rabatt 30 % bei einer Mindestabnahme von 300 Stück, ansonsten 20 %, Skonto 2 %, Lieferung frei Haus.

Angebot 3: Listenpreis 68,00 EUR, Rabatt 20 % bei einer Mindestabnahme von 50 Stück, Skonto 3 %, Lieferung frei Haus.

a) Welches Angebot ist das günstigste, wenn die MCC GmbH 400 Stück der Ware benötigt?

b) Welches Angebot käme zum Zuge, wenn die MCC GmbH nur 200 Stück benötigen würde?

c) Angenommen, das Unternehmen benötigte 200 Stück, aber der günstigste Lieferant kann nicht liefern. Auf welches Angebot müsste das Unternehmen dann zurückgreifen?

Aufgabe 313

Der Einkaufspreis einer Ware beträgt 135,00 EUR. Der Großhändler belastet die MCC GmbH mit 7,50 EUR Bezugskosten. Wie viel Prozent beträgt der Handlungskostenzuschlag, wenn der Artikel mit 5 % Gewinn zu 179,55 EUR (netto) angeboten werden soll?

Aufgabe 314

Aus dem Warenwirtschaftssystem erhalten Sie die folgende Tabelle zur Auswertung.

Aufwendungen für Waren	463.824,00 EUR
Personalkosten	98.782,00 EUR
Mietaufwendungen	36.600,00 EUR
Werbeaufwendungen	10.135,00 EUR
Gewerbesteuer	2.980,00 EUR
Beiträge	6.812,00 EUR
Zinsaufwendungen	14.985,00 EUR
Sonstige Aufwendungen	24.869,00 EUR
Selbstkosten	658.987,00 EUR
Gewinn	
Nettoumsatzerlöse	
Umsatzsteuer (19 %)	
Bruttoumsatzerlöse	913.985,00 EUR

a) Wie viel Prozent beträgt der Anteil der Personalkosten an den Handlungskosten? (Runden Sie das Ergebnis auf eine Nachkommastelle.)

b) Wie hoch ist der Gewinn?

Aufgabe 315

Der Bezugspreis einer Ware beträgt 496,00 EUR je Einheit. Bei einem mit 45,00 EUR je Stück angesetzten Gewinn sowie einkalkulierten Verkaufszuschlägen von 5 % Kundenskonto und 12,5 % Kundenrabatt ergibt sich ein Listenverkaufspreis von netto 800,00 EUR.

Wie viel Prozent beträgt der Handlungskostenzuschlag?

Aufgabe 316

Der Bezugspreis für einen Herrenanzug beträgt 120,00 EUR. Der Anzug wird zu einem Bruttoverkaufspreis von 198,00 EUR angeboten. Ermitteln Sie den Kalkulationszuschlag für diesen Artikel.

Aufgabe 317

Wie hoch ist der Bezugspreis ohne Umsatzsteuer, wenn vom Lieferanten 12,5 % Rabatt und 2,5 % Skonto gewährt werden, 20,00 EUR Bezugskosten anfallen und der Listeneinkaufspreis 3.420,00 EUR netto beträgt?

Aufgabe 318

Welcher Aspekt bleibt beim Angebotsvergleich unberücksichtigt?

(1) Die Umsatzsteuer
(2) Die Kosten für die Be- und Entladung
(3) Die Kosten für die Anfuhr der Ware durch den Spediteur
(4) Die Zölle
(5) Die Transportversicherung für den Wareneinkauf

Aufgabe 319

Im Angebot eines Lieferers lesen wir:

„Die Lieferung erfolgt frei Haus, die Zahlung sofort netto."

In unserer Kalkulation ermitteln wir folgende Werte:

Listeneinkaufspreis:	400,00 EUR
Bezugspreis:	300,00 EUR
Nettoverkaufspreis:	633,66 EUR

Wie viel Prozent beträgt der Einkaufsrabatt?

Aufgabe 320

Die Kosten- und Leistungsrechnung eines Betriebes weist folgende Zahlen aus:

Wareneinsatz:	700.000,00 EUR
Handlungskosten:	179.200,00 EUR
Selbstkosten:	879.200,00 EUR

Wie viel Prozent beträgt der Handlungskostenzuschlag?

4. Buchführung

Aufgabe 321

Welche der folgenden Aussagen über die Inventur ist zutreffend?

(1) Bei einer Inventur werden alle Vermögens- und Schuldenwerte der MCC GmbH körperlich erfasst.
(2) Eine zeitnahe Inventur ist innerhalb eines Monats vor oder nach dem Bilanzstichtag durchzuführen.
(3) Die Inventur findet überwiegend zum Schluss des Geschäftsjahres statt.
(4) Eine Inventur wird grundsätzlich bei der Aufnahme eines neuen Gesellschafters in das Unternehmen durchgeführt.
(5) Der genauer Termin der Inventur wird der MCC GmbH mit dem Steuerbescheid vom Finanzamt mitgeteilt.

Aufgabe 322

Welcher der folgenden Bilanzpositionen der MCC GmbH hat die höchste Liquidität?

(1) Forderungen
(2) Verbindlichkeiten
(3) Rückstellungen
(4) Rücklagen
(5) Bankguthaben

Aufgabe 323

Ermitteln Sie aus der unten stehenden Bilanz die Eigenkapitalquote.

(Runden Sie das Ergebnis auf eine Nachkommastelle.)

Aktiva		Bilanz	Passiva
Bebautes Grundstück	450.000,00	Eigenkapital	573.000,00
BGA	950.000,00	Darlehensschulden	1.088.000,00
Waren	180.000,00	Verbindlichkeiten	51.000,00
Forderungen	112.000,00		
Kasse	2.000,00		
Bankguthaben	18.000,00		
	1.712.000,00		1.712.000,00

Aufgabe 324

Für das Segment Geschirr der Haushaltswarenabteilung liegen Ihnen folgende Zahlen vor:

Jahresanfangsbestand:	25.755,00 EUR
Wareneingänge:	97.982,00 EUR
Inventurbestand Ende des Geschäftsjahres:	77.294,00 EUR

Ermitteln Sie den Wareneinsatz.

Aufgabe 325

Ihnen liegt der folgende unvollständige Auszug aus dem Hauptbuch vor.

S	Handelswaren		H
AB	58.500,00	SB	67.295,00
Einkauf 1	13.495,00		
Einkauf 2	76.145,00		

S	Umsatzerlöse	H
		23.450,00
		43.996,00
		44.576,00

S	Aufwendungen für Handelswaren	H

S	GuV	H
	6.957,00	
	4.940,00	

S	Schlussbilanz	H

a) Ermitteln Sie den Wareneinsatz.

b) Wie hoch ist der Warenumsatz brutto (einschließlich 19 % Umsatzsteuer)?

c) Berechnen Sie den Warenrohgewinn (netto).

Aufgabe 326

Welche der folgenden Aussagen zur Inventur trifft nicht zu?

(1) Die Inventur ist eine Bestandsaufnahme zum Ende des Geschäftsjahres.

(2) Bei der Gründung eines Unternehmens wird auch eine Inventur durchgeführt.
(3) Die Inventur ist das Bestandsverzeichnis aller Vermögensgegenstände eines Unternehmens.
(4) Die Ergebnisse der Inventur werden im Inventar zusammengefasst.
(5) Die Inventur wird in der Regel im jährlichen Rhythmus durchgeführt.

Aufgabe 327

Sie haben bei der benachbarten Metzgerei Leberl 60 Leberkäsbrötchen für eine Feier in Ihrer Abteilung gekauft. In der Quittung (siehe unten) weist der Metzgermeister Leberl keine Umsatzsteuer aus. Überprüfen Sie anhand des abgebildeten Gesetzesauszugs aus der Umsatzsteuer-Durchführungsverordnung, ob Herr Leberl dazu verpflichtet ist.

Quittung

	€ in Ziffern	Cent
Nettowert		
..........% USt		
Summe	114	00

Euro in Worten: Einhundertvierzehn — Cent wie oben

von: Warenhaus MCC GmbH, Am roten Main 24, 95447 Bayreuth, Elektroabteilung

für: 60 Leberkäsbrötchen a 1,90 € für Abteilungsfeier

richtig erhalten zu haben, bescheinigt hiermit dankend

Ort: Bayreuth, Datum: 30.03.20...

Buchungsvermerke	Stempel - Unterschrift des Empfängers
	Franz Leberl

(1) Ja, weil es sich um Lebensmittel handelt.
(2) Nein, weil die gekaufte Ware für die MCC GmbH keine Handelsware ist.
(3) Ja, weil auf Quittungen die Umsatzsteuer ausgewiesen werden muss.

(4) Nein, weil der Betrag 150,00 EUR nicht übersteigt.
(5) Ja, weil der Betrag über 100,00 EUR liegt.

§ **Gesetzesauszug aus der Umsatzsteuer-Durchführungsverordnung**

§ 33 Rechnungen über Kleinbeträge

Eine Rechnung, deren Gesamtbetrag 150,00 EUR nicht übersteigt, muss mindestens folgende Angaben enthalten:

1. den vollständigen Namen und die vollständige Anschrift des leistenden Unternehmers,
2. das Ausstellungsdatum,
3. die Menge und die Art der gelieferten Gegenstände oder den Umfang und die Art der sonstigen Leistung und
4. das Entgelt und den darauf entfallenden Steuerbetrag für die Lieferung oder sonstige Leistung in einer Summe sowie den anzuwendenden Steuersatz oder im Fall einer Steuerbefreiung einen Hinweis darauf, dass für die Lieferung oder sonstige Leistung eine Steuerbefreiung gilt.

Aufgabe 328

Ihnen liegt die unten abgebildete Gewinn-und-Verlust-Rechnung vor. Ermitteln Sie den Gewinn.

Soll		Gewinn und Verlust	Haben
Aufw. für Handelswaren	2.480.153,00	Umsatzerlöse	3.298.142,00
Personalaufwand	550.781,00		
Werbeaufwand	105.312,00		
Aufw. für Beiträge	12.620,00		
Zinsaufwendungen	14.752,00		
Mietaufwendungen	18.000,00		
Betriebliche Steuern	13.985,00		
Gewinn	?		
	3.298.142,00		3.298.142,00

Aufgabe 329

Im Rahmen der Abschlussarbeiten in der Buchhaltung werden Sie gebeten, an der Erstellung des Inventars mitzuwirken. Wie gehen Sie vor?

(1) Ich erfasse alle Aufwendungen und Erträge der laufenden Rechnungsperiode und stelle diese in einem tabellarischen Verzeichnis gegenüber.
(2) Ich erstelle ein ausführlich gegliedertes tabellarisches Verzeichnis des Anlagevermögens und der Schulden.
(3) Ich stelle alle Einnahmen und Ausgaben des Geschäftsjahres in einer Tabelle dar.
(4) Ich stelle alle Einnahmen und Ausgaben eines Geschäftsjahres in Form eines T-Kontos dar.
(5) Ich lege ein ausführlich gegliedertes tabellarisches Verzeichnis aller Vermögens- und Schuldenwerte des Geschäftsjahres an.

Aufgabe 330

Welche der folgenden Schulden zählen zu den langfristigen Verbindlichkeiten?

(1) Umsatzsteuer-Zahllast
(2) Sonstige Verbindlichkeiten gegenüber Sozialversicherungsträgern
(3) Hypothekendarlehen
(4) offene Rechnung von Lieferanten
(5) Sonstige Verbindlichkeiten gegenüber Finanzbehörden

Aufgabe 331

Ermitteln Sie aus der nachfolgenden Bilanz die Eigenkapitalquote und die Fremdkapitalquote. (Runden Sie das Ergebnis auf eine Nachkommastelle.)

Aktiva		Bilanz	Passiva
Bebautes Grundstück	58.000,00	Eigenkapital	252.000,00
BGA	850.000,00	Darlehensschulden	1.135.000,00
Waren	95.000,00	Verbindlichkeiten	189.000,00
Forderungen	32.000,00		
Kasse	3.000,00		
Bankguthaben	16.000,00		
	1.576.000,00		1.576.000,00

Aufgabe 332

Welche der folgenden Aussagen über die Vorsteuer ist zutreffend?

(1) Die Vorsteuer erhöht die Zahllast.
(2) Die Vorsteuer hat keinen Einfluss auf die Zahllast.
(3) Die Vorsteuer ist die Umsatzsteuer, die der Lieferant in Rechnung stellt.
(4) Die Vorsteuer ist die Umsatzsteuer, die im Verkaufspreis enthalten ist.
(5) Die Vorsteuer wird zur Mehrwertsteuer zusätzlich hinzugerechnet.

Aufgabe 333

Ihnen liegt die folgende unvollständige Gewinn-und-Verlust-Rechnung vor. Vervollständigen Sie das Gewinn-und-Verlust-Konto, indem Sie den Gewinn bzw. den Verlust berechnen. (Kennzeichen Sie den Gewinn mit einem Plus bzw. den Verlust mit einem Minus.)

Soll	Gewinn und	Verlust	Haben
Aufw. für Handelswaren	1.982.329,00	Umsatzerlöse	2.634.097,00
Personalaufwand	354.834,00		
Werbeaufwand	214.201,00		
Aufw. für Beiträge	10.923,00		
Zinsaufwendungen	19.978,00		
Mietaufwendungen	36.000,00		
Betriebliche Steuern	18.247,00		

Aufgabe 334

Abteilungsstatistik Sportartikelabteilung liegen Ihnen folgende Zahlen vor:

Jahresanfangsbestand:	9.988,00 EUR
Wareneingänge:	17.372,00 EUR
Inventurbestand Ende des Geschäftsjahres:	2.189,00 EUR

Ermitteln Sie den Wareneinsatz.

Aufgabe 335

Ihnen liegt der folgende unvollständige Auszug aus dem Hauptbuch vor.

S	Vorsteuer	H
	5.854,00	756,00

S	Umsatzsteuer	H
	595,00	7.896,00

Berechnen Sie auf der Grundlage der oben angegebenen Zahlen die Zahllast an das Finanzamt.

Aufgabe 336

Welche Aussage über die Zahllast gegenüber dem Finanzamt ist zutreffend?

(1) Die Zahllast gegenüber dem Finanzamt ist die Summe der dem Finanzamt zu einem bestimmten Termin geschuldeten Beträge aus verschiedenen Steuerarten (z. B. Lohnsteuer, Einkommensteuer usw.).
(2) Die Zahllast gegenüber dem Finanzamt ist die Umsatzsteuer, die an das Finanzamt abzuführen ist.
(3) Die Zahllast gegenüber dem Finanzamt ist die Summe aus Umsatzsteuer und Vorsteuer eines Unternehmens.
(4) Die Zahllast gegenüber dem Finanzamt ist die Umsatzsteuer, die auf den Eingangsrechnungen ausgewiesen wird.
(5) Die Zahllast gegenüber dem Finanzamt ist die Umsatzsteuer, die auf den Ausgangsrechnungen ausgewiesen wird.

5. Statistik

Aufgabe 337

Sie haben die Aufgabe, die oben stehende Abteilungsstatistik zu überprüfen.

ABTEILUNGSSTATISTIK KASSE
VOM 24.04.20..

Datum: 24.04.20..
Zeit: 19:53:31
Kasse: 021-010

SSE: 220 T/R PZ	Kunden	USt. (in %)	Einnahmen (in EUR)	Warenrückgabe (in EUR)	Einnahmen abzgl. Warenrückgabe (in EUR)
	1	19,00	119,78	0,00	119,78
	1	19,00	86,47	0,00	86,47
	2	19,00	62,38	0,00	62,38
	1	19,00	87,58	14,95	A
	1	19,00	B	19,95	94,63

a) Ermitteln Sie die fehlende Position A.

b) Ermitteln Sie die fehlende Position B.

Aufgabe 338

Der MCC GmbH liegen folgende Daten einer Absatzstatistik vor:

Jahr 1: Verkauf: 4.587 Stück
Umsatz: 41.191,26 EUR

Jahr 2: Verkauf: 5.123 Stück
Umsatz: 50.973,85 EUR

Um wie viel Prozent ist der Absatz im 2. Jahr im Vergleich zum Vorjahr gestiegen? (Runden Sie das Ergebnis auf eine Nachkommastelle.)

Aufgabe 339

Ihnen liegt die folgende Umsatzstatistik vor.

Ermitteln Sie den durchschnittlichen Umsatz je Mitarbeiter.

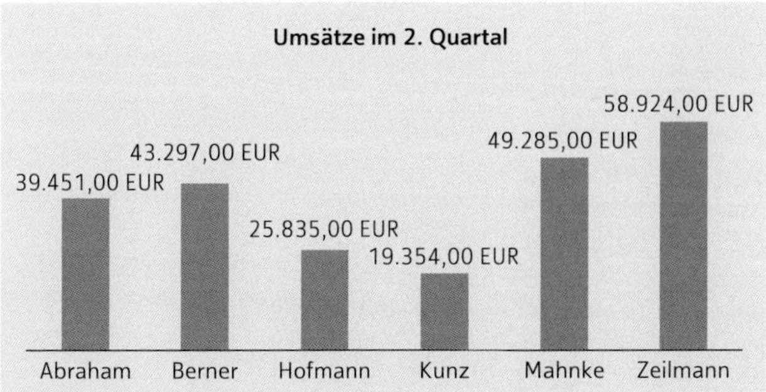

Aufgabe 340

Der MCC GmbH liegen folgende Daten einer Absatzstatistik vor:

Jahr 1: Verkauf: 11.453 Stück
Gesamtumsatz: 285.752,35 EUR
Jahr 2: Verkauf: 15.063 Stück
Gesamtumsatz: 451.136,85 EUR

Um wie viel Prozent ist der Stückpreis im zweiten Jahr im Vergleich zum Vorjahr gestiegen? (Runden Sie das Ergebnis auf eine Nachkommastelle.)

6. Controlling

Aufgabe 341

Definieren Sie den Begriff Controlling und erläutern Sie vier Aufgaben von Controlling.

Aufgabe 342

Welche Instrumente kommen im Controlling zum Einsatz? Nennen und erläutern Sie vier Beispiele.

Aufgabe 343

Nennen Sie vier Anwendungsbereiche von Controlling.

F

LÖSUNGEN

Teil A Wirtschafts- und Sozialkunde – LÖSUNGEN

Aufg. 1	2
Aufg. 2	3
Aufg. 3	3
Aufg. 4	3
Aufg. 5	4
Aufg. 6	2
Aufg. 7	1
Aufg. 8	4
Aufg. 9	4
Aufg. 10	4, 5, 7
Aufg. 11	5
Aufg. 12	2
Aufg. 13	4
Aufg. 14	4
Aufg. 15	2
Aufg. 16	4
Aufg. 17	4
Aufg. 18	5
Aufg. 19	4
Aufg. 20	2
Aufg. 21	1
Aufg. 22	3
Aufg. 23	4
Aufg. 24	4
Aufg. 25	4
Aufg. 26	4

Aufg. 27	5
Aufg. 28	3
Aufg. 29	1
Aufg. 30	5
Aufg. 31	3
Aufg. 32	2
Aufg. 33	4
Aufg. 34	4
Aufg. 35	3
Aufg. 36	3
Aufg. 37	4
Aufg. 38	4
Aufg. 39	3
Aufg. 40	5
Aufg. 41	3
Aufg. 42	4
Aufg. 43	2
Aufg. 44	3
Aufg. 45	3
Aufg. 46	2
Aufg. 47	1
Aufg. 48	1
Aufg. 49	3
Aufg. 50	3
Aufg. 51	4
Aufg. 52	4
Aufg. 53	4, 5
Aufg. 54	1, 4
Aufg. 55	4
Aufg. 56	4
Aufg. 57	3
Aufg. 58	3
Aufg. 59	1
Aufg. 60	5

Aufg. 61	3
Aufg. 62	2
Aufg. 63	1
Aufg. 64	2
Aufg. 65	5
Aufg. 66	3
Aufg. 67	4
Aufg. 68	4
Aufg. 69	3
Aufg. 70	4
Aufg. 71	4
Aufg, 72	2
Aufg. 73	4
Aufg. 74	2
Aufg. 75	4
Aufg. 76	2
Aufg. 77	1
Aufg. 78	1
Aufg. 79	3
Aufg. 80	4
Aufg. 81	2
Aufg. 82	2
Aufg. 83	4
Aufg. 84	3
Aufg. 85	4
Aufg. 86	1
Aufg. 87	5
Aufg. 88	3
Aufg. 89	2
Aufg, 90	3
Aufg. 91	3
Aufg. 92	3
Aufg. 93	5
Aufg. 94	2

Aufg. 95	3
Aufg, 96	3
Aufg. 97	1
Aufg. 98	3
Aufg. 99	3
Aufg. 100	1
Aufg. 101	4
Aufg, 102	3
Aufg. 103	3
Aufg. 104	4
Aufg. 105	5
Aufg. 106	3
Aufg. 107	3
Aufg, 108	5
Aufg. 109	4
Aufg. 110	3
Aufg. 111	4
Aufg. 112	1
Aufg. 113	2, 4, 1, 3, 5
Aufg. 114	2
Aufg. 115	5
Aufg. 116	3
Aufg. 117	4
Aufg, 118	4
Aufg. 119	4
Aufg. 120	4
Aufg. 121	2
Aufg. 122	1
Aufg. 123	1
Aufg. 124	3
Aufg. 125	1
Aufg. 126	2
Aufg. 127	4

Teil B Kaufmännische Handelstätigkeit – LÖSUNGEN

Aufg. 128	z. B. → Die Ziele der Teamarbeit und die Vorgehensweise werden gemeinsam festgelegt. → Die zu bewältigenden Aufgaben werden fair auf alle Gruppenmitglieder verteilt. → Jedes Teammitglied bringt sich aktiv und konstruktiv in die Teamarbeit ein. → Alle Teammitglieder werden laufend über den Stand der Arbeit informiert. → Jedes Teammitglied hält sich an getroffene Absprachen. → Jedes Teammitglied übernimmt Verantwortung für das Erreichen des Gruppenergebnisses. → Jedes Teammitglied bringt seine Meinung offen ein und akzeptiert die Meinung der anderen Teammitglieder. Gehen die Meinungen auseinander, versuchen alle Teammitglieder einen gemeinsamen Kompromiss zu finden. → Konstruktive Kritik ist erwünscht, wird sachlich geäußert ohne einzelne Teammitglieder persönlich anzugreifen oder deren Selbstwertgefühl zu verletzen. → Treten im Team Spannungen auf, hat die Auflösung des Konflikts Vorrang vor der zu bewerkstelligenden Arbeit.
Aufg. 129	z. B. → Beachtung der Regeln der Teamarbeit → klare Einhaltung von gemeinsam getroffenen Vereinbarungen → Kompromissbereitschaft trainieren und praktizieren → potenzielle Konfliktquellen bei Teamzusammenstellungen berücksichtigen
Aufg. 130	z. B. → Text zunächst grob überfliegen → anschließend intensiveres Lesen des Textes → das Wichtigste unterstreichen (Kernbegriffe, Wortgruppen, Sätze) → ggf. unterschiedliche Farben einsetzen → sinnvolle Abschnitte bilden → Sätze mit den Kernaussagen der Abschnitte formulieren

Aufg. 131	z. B. → Lieferantendatei (Produkte, Dienstleistungen) → Kundendatei (Privatkunden, Firmenkunden) → Artikeldatei (genaue Daten einzelner Produkte) → Verkaufsstatistik (z. B. Daten über die Umsätze der einzelnen Waren und Warengruppen) → Auswertungen von Kundengesprächen
Aufg. 132	z. B. → dem Feedback-Geber aufmerksam zuhören → den Feedback-Geber nicht unterbrechen → nicht verteidigen oder rechtfertigen, sondern das Feedback auf sich wirken lassen → sich ggf. Notizen machen, wenn das Feedback etwas ausführlicher ist → nachfragen, wenn etwas unklar ist → Feedback als Möglichkeit sehen, sich selbst weiterzuentwickeln
Aufg. 133	Vorbereitung: → organisatorische Rahmenbedingungen (Ort, Raum, Zeitpunkt, Methoden) → Themenabgrenzung → Ziel (Was soll erreicht werden?) → Zielgruppe (Teilnehmerkreis, vor dem die Präsentation stattfindet) → inhaltliche Gestaltung (Umfang der Ausführungen, inhaltliche Abgrenzung, Visualisierungen) → Gliederung/Ablauf (Eröffnung, Hauptteil, Schluss) Durchführung: → pünktlich beginnen → angemessene Kleidung → Blickkontakt suchen → frei sprechen → gezieltes Einsetzen von Stimme und Gestik → kurze Sätze, klare Sprache → Überblick geben → Visualisierungsmöglichkeiten nutzen

Aufg. 134	z. B. → unterschiedliches Fachwissen der verschiedenen Teammitglieder wird zusammengeführt → gemeinsamer Austausch fördert die Entwicklung kreativer Lösungen → bessere gegenseitige Unterstützung der Mitarbeitenden → erhöhte Motivation durch Gemeinschaftsgefühl → Verbesserung des Betriebsklimas durch gegenseitiges Kennenlernen
Aufg. 135	Der Feedback-Geber sollte → sicherstellen, dass der Feedback-Nehmer für ein Feedback bereit ist → seine subjektiven Wahrnehmungen als Ich-Botschaften beschreiben → ein konkretes, nachvollziehbares Feedback geben → ein zeitnahes Feedback geben → höflich und fair bleiben → klar, kurz und bündig formulieren → positiv verstärken, d. h. gezielt loben → niemals das Selbstwertgefühl des Feedback-Nehmers verletzen
Aufg. 136	„Das hier ist das tollste Kaufhaus der Stadt!“ Sachaspekt: „Das Warenhaus MCC ist ein schlechtes Kaufhaus!“ (da Aussage ironisch gemeint war) Selbstoffenbarungsaspekt: „Ich bin sehr enttäuscht vom Warenhaus MCC!“ Beziehungsaspekt: „Das Warenhaus MCC hat mich schlecht behandelt!“ Appell: „Tun Sie etwas dafür, das wieder bei mir gut zu machen!“
Aufg. 137	z. B. → Wahrnehmung des Konflikts durch möglichst genaue Definition der Streitpunkte → gemeinsame Identifikation der Problemursachen → gemeinsame Diskussion von Lösungsmöglichkeiten → zeitlich und inhaltlich konkrete Festlegung von Zielen und Maßnahmen zur Konfliktlösung als Ergebnis eines gemeinsamen Kompromisses der Konfliktparteien

Aufg. 138	z. B. --> Teamsitzungen sollten gut geplant sein --> Teamsitzungen brauchen einen Gesprächsleiter --> die Tagesordnungspunkte, kurz „TOPs“, sollten nicht nur von der Leitung kommen, sondern vor allem vom Kollegium --> ungefähren Zeitrahmen klären und sich auch daran halten --> Zusammenfassung von Diskussionsbeiträgen durch die Gesprächsleitung --> Vereinbarung von Regeln für den Austausch untereinander --> Erstellen eines Ergebnisprotokolls (z. B. Wer? Macht was? Bis wann?)
Aufg. 139	z. B. --> Herstellerinformationen/Gebrauchsanweisungen --> Warenkennzeichnung --> innerbetriebliche Produktschulungen --> Fachliteratur und Warentests --> Messen und Ausstellungen --> überbetriebliche Seminare und Schulungen --> Internet --> Intranet
Aufg. 140	Sortimentsbreite: --> breites Sortiment = viele Warengruppen (Beispiel Warenhaus) --> schmales Sortiment = Beschränkung auf eine oder wenige Warengruppen (z. B. Lebensmittelfachgeschäft) Sortimentstiefe: --> tiefes Sortiment = große Auswahl an Artikeln innerhalb einer Warengruppe (z. B. „Wurstecke“ mit 50 verschiedenen Wurstsorten) --> flaches Sortiment = geringe Auswahl an Artikeln innerhalb einer Warengruppe (z. B. Schreibwaren in einem Supermarkt)

Aufg. 141

Sortimentsvariation = Es erfolgt ein Austausch bestimmter Waren, Warenarten oder Warengruppen.

Dies kann durch folgende Maßnahmen erfolgen:

Trading up = Das bestehende Sortiment wird qualitativ angehoben, z. B. durch Aufnahme von Markenartikeln.

Trading down = Das Qualitätsniveau des bestehenden Sortiments wird qualitativ gesenkt, z. B. durch die Aufnahme von No-Name-Produkten.

Aufg. 142

Sortiments-pyramide	Erläuterungen	Beispiele
Fachbereich	Branche	Lebensmittel
Warengruppe	verschiedene Warenarten mit ähnlicher Verwendung	Konserven
Warenart	Artikel mit ähnlicher Verwendung oder Zusammensetzung	Gemüsekonserven
Artikel	bestimmte Artikel einer Warengruppe	Erbsen
Sorte	spezielles Produkt nach Marke, Größe, Farbe, Gewicht ...	Erbsen, sehr fein, 500 g

Aufg. 143

Die Sortimentsstruktur gibt Auskunft über den Aufbau des Sortiments hinsichtlich Breite, Tiefe, Rand-, Kern- und Vollsortiment, Saison-, Auslauf- und Probesortiment.

Aufg. 144

Herstellermarken: Produkt wird unter Nennen des Herstellers (z. B. Ferrero) oder einer bestimmten Produktfamilie (z. B. Nivea) betrieben.

Handelsmarken: Produkte des täglichen Bedarfs werden unter dem Dach einer Handelsgruppe mit einem einheitlichen Markenlogo vertrieben (z. B. Lidl oder Aldi).

No-Name-Produkte („Weiße Ware"): Produkte des täglichen Bedarfs werden ohne aufwendige Verpackung und ohne Werbung zu sehr niedrigen Preisen von Handelsketten angeboten.

Aufg. 145	→ gesetzlicher Markenschutz → gleichbleibende Qualität → hoher Wiedererkennungswert → i. d. R. hoher Bekanntheitsgrad → oftmals Absatzunterstützung durch großen Werbeaufwand
Aufg. 146	z. B. → Handys und Telefone mit großen Tasten: Sehvermögen lässt im Alter nach → Singleportionen bei Lebensmitteln: Zunahme der Single-Haushalte, ältere Menschen essen tendenziell kleinere Portionen → technische Geräte mit einfacher Bedienung: zu komplizierte Technik schreckt ältere Kunden ab → Nahrungsergänzungsmittel: höheres Gesundheitsbewusstsein der älteren Kunden
Aufg. 147	→ Bruttoverkaufspreis (einschließlich Umsatzsteuer) → Grundpreis (bei offener Ware) → Mengeneinheit → handelsübliche Gütebezeichnung
Aufg. 148	z. B. – Spielanleitung – Voraussetzungen für das Spiel (z. B. Alter, Anzahl der Spieler) – Spielvariationen – Spielsimulation/-vorführung – Preisargumente
Aufg. 149	Bild 1: Produkt entspricht geprüftem Mindestsicherheitsstandard (CE-Kennzeichen für Produktsicherheit gemäß europäischer Richtlinien) Bild 2: Feuergefährliches Produkt Bild 3: Produkt stammt aus ökologischem Anbau (EU-Biosiegel) Bild 4: Produkt hat bestimmte Qualität (auf Schadstoffe geprüfte Textilien, daher humanökologisch unbedenklich) Bild 5: Eingetragenes Markenzeichen des Produkts „Nivea" Creme (Markenartikel)

Aufg. 150	Selbstbedienung: Die Ware ist für Kunden frei zugänglich. Sie wählen die Ware selbstständig aus. Es erfolgt keine Beratung. Tätigkeiten des Verkaufspersonals sind insbesondere Warenauszeichnung, Warenanordnung und Kassieren. Vorwahl: Kunden haben freien Zugang zur Ware und können sich selbstständig über das Warenangebot informieren. Auf Wunsch erfolgt eine Beratung durch das Verkaufspersonal. Vollbedienung: Verkaufspersonal führt hier aktiv die Verkaufshandlung, fragt die Kunden nach ihren Wünschen, präsentiert eine Warenauswahl und berät Kunden bei der Kaufentscheidung. Diese Bedienungsform erfolgt bei hochwertigen und beratungsintensiven Waren.
Aufg. 151	z. B. → Sortimentsüberblick geben → Auffinden der Ware durch gleichbleibende Standorte erleichtern → Ware informativ und attraktiv präsentieren → möglichst viele Sinne der Kunden ansprechen → Ordnung und Sauberkeit beachten → mithilfe von Kundenleitsystemen die Kundschaft mit einer Vielzahl von Warenkontakten durch das Geschäft führen → nur unbeschädigte Ware anbieten → Hinweis- und Preisschilder müssen mit der ausgestellten Ware übereinstimmen
Aufg. 152	Verkaufsschwache Ladenzonen: → Eingangszone → Ladenecken → Mittelzonen → Zonen links in Laufrichtung Verkaufsintensive Ladenzonen: → Kassenzone → Bereiche in der Nähe von Rolltreppen/Aufzügen → Gangkreuzungen

Aufg. 153

a) Branchenspezifische Antwort, z. B.

„Das aktuelle Modell dieses Weckers bietet Ihnen eine Reihe von Zusatzfunktionen. Wenn Sie wollen, kann ich Ihnen das gerne mal zeigen!“

„Das aktuelle Modell dieser Digitalkamera ist sehr einfach zu bedienen. Probieren Sie es ruhig mal aus!“

„Sie interessieren sich für Damen-Uhren? In der Vitrine haben wir noch einige ähnliche Modelle. Darf ich sie Ihnen zeigen?“

b) z. B. (auf das jeweilige Produkt bezogen)

„Für welchen Zweck brauchen Sie den Artikel?“

„Wozu wollen Sie den Artikel nutzen?“

„Welche Funktionen wünschen Sie sich von diesem Artikel?“

c)

offene Fragen	– werden in ganzen Sätzen beantwortet und liefern für das Verkaufsgespräch wichtige Informationen – beginnen häufig mit den Fragewörtern wer, wie, was, wann, warum (W-Fragen)
geschlossene Fragen	– ermöglichen dem Kunden nur wenige und kurze Antworten – sind geeignet, um das Verkaufsgespräch zu einem Abschluss zu bringen
Suggestivfragen	– dienen dem Verkäufer zur gezielten Beeinflussung der Kunden – sollen den Verkaufsvorgang beschleunigen
Alternativfragen	– fordern Kunden auf, sich für eine von mehreren Möglichkeiten zu entscheiden – werden hauptsächlich eingesetzt, um einen Kaufabschluss herbeizuführen
rhetorische Fragen	– sind Fragen, auf die der Verkäufer vom Kunden keine Antwort erwartet – sollen beim Kunden Interesse und Spannung hervorrufen

d) → nur eine begrenzte Anzahl von Artikeln vorlegen, damit die Kundin die Übersicht behält

→ mit der mittleren Preisklasse beginnen, damit man je nach Kundenreaktion nach oben oder unten ausweichen kann

→ die Kundin selbst fühlen, hören, probieren lassen, damit ihre Sinne angesprochen werden

e) Branchenspezifische Antwort, z. B.

→ „Der Prozessor dieses Tablet-PCs arbeitet doppelt so schnell wie der von herkömmlichen Tablets."

→ „Diese Schuhe sind so strapazierfähig, dass Sie die auch jederzeit auf einer Bergtour anziehen können."

→ „Dieses Kleid steht Ihnen besonders gut, weil es so gut zu Ihrer Haarfarbe passt."

f) Mögliche Fehler, z. B.

→ isolierte Nennung des Preises, ohne einen Bezug zur Leistung bzw. zum Warenwert herzustellen

→ Verwendung der Begriffe „teuer", „billig"

g) z. B.

→ „Möchten Sie die Ware gleich mitnehmen oder soll ich Sie Ihnen zurücklegen lassen?"

→ „Das Smartphone hat eine besonders lange Akkulaufzeit. Wäre das nicht genau das Richtige für Sie, wenn Sie, wie Sie sagen, viel unterwegs sind?"

Aufg. 154

a) → Die Ansprache des Kunden mit seinem Namen schafft vertrauensvolle Verkaufsatmosphäre.

→ Eine freundliche Begrüßung ist die Grundlage für einen guten Kundenkontakt, stellt eine angenehme Gesprächsatmosphäre her und beeinflusst somit den weiteren Verlauf des Verkaufsgesprächs.

b) → Klang: der Klang der Stimme sollte an den Sprechinhalt angepasst sein; warme, freundliche, teilnehmende, keine aufdringliche Sprache

→ Lautstärke: mit mittlerer Lautstärke sprechen, Brüllen und Flüstern vermeiden

→ Geschwindigkeit: nicht zu schnell sprechen und auf Pausen achten

	→ Modulation: wichtige Begriffe betonen und Monotonie in der Stimmführung vermeiden c) z. B. → „Wie alt ist Ihr Sohn?" → „Womit spielt Ihr Sohn gerne?" d) Rationale Kaufmotive liegen vor, wenn Kunden sich vorher gedanklich mit dem Kauf auseinandersetzen und das Für und Wider einer Anschaffung abwägen. Emotionale Kaufmotive sind meistens diffus. Der Käufer ist sich selbst nicht klar darüber, was er eigentlich will und entscheidet eher intuitiv und aus dem Bauch heraus. Häufig mischen sich beim Kauf rationale und emotionale Kaufmotive. e) Der Preis sollte nicht isoliert, sondern immer in Verbindung mit Produktvorteilen bzw. zum Wert des Produkts genannt werden. f) z. B. „Ja, damit haben Sie recht, aber wir bieten Ihnen auch noch einen kostenlosen Geschenkverpackungsservice [alternativ andere Serviceleistung] an!" g) z. B. „Sie können die Ware jederzeit umtauschen!" „Ich kann Ihnen die Ware auch erst einmal reservieren." „Wir können Ihnen das gleich als Geschenk einpacken!"
Aufg. 155	a) Armbanduhr: Es liegt ein Mangel vor. Die Kundin hat Anspruch auf Nacherfüllung, d. h. Nachbesserung oder Neulieferung. Ein Anspruch auf Rückerstattung des Kaufpreises besteht erst, wenn das Warenhaus MCC die Nacherfüllung nicht leisten kann. Ohrringe: Hier liegt kein Mangel vor. Die Kundin hat rein rechtlich keinen Anspruch auf Erstattung des Kaufpreises. b) Kundin in ein Büro oder einen ruhigen Nebenraum ohne weitere Zuhörer oder Zuschauer bringen, um Aufsehen zu vermeiden → Kundin höflich und freundlich behandeln → der Kundin die Möglichkeit geben, ihre Beschwerde vorzutragen

	→ aufmerksam zuhören und Verständnis zeigen → die Uhr unvoreingenommen und sorgfältig prüfen → sich bei Kundin entschuldigen → gemeinsam mit Kundin nach einer Lösung suchen c) Argumente für einen großzügigen Umtausch: → Kundin bleibt dem Geschäft erhalten → Imagesteigerung → niedrigere Schwelle für Kunden beim Kauf → zusätzliches Verkaufsargument für zukünftige Verkaufsgespräche Argumente gegen einen großzügigen Umtausch: → zusätzliche Arbeit → zusätzliche Kosten (zumindest bei kurzfristiger Betrachtung) d) Die Kundin erhält für beide Artikel ihr Geld zurück (Kulanz). e) → genaue Ermittlung der Kundenwünsche → intensive Beratung der Kunden → Kunden Ware ausprobieren lassen → Kontrolle der zu verkaufenden Ware vor der Übergabe an den Kunden (ggf. auch durch Öffnung der Originalverpackung)
Aufg. 156	a) → keine Begrüßung des Kunden → kein Bezug zur Ware, die der Kunde seit Längerem betrachtet → beide Hände in den Hosentaschen schafft Distanz zum Kunden Verbesserungsvorschlag: „Guten Tag. Wie kann ich Ihnen helfen?" „Guten Tag. Diese Inlineskates eignen sich besonders ..." b) Die Körpersprache der Verkäuferin (beide Hände in die Taschen) wirkt eher negativ und schafft eine distanzierte, wenig vertrauenerweckende Verkaufsatmosphäre. Auf folgende Aspekte ist zu achten: → Signalisieren von Offenheit durch ein freundliches Lächeln → Blickkontakt mit dem Kunden

- → verdeckte Hände in den Hosentaschen wirken eher negativ
- → zeigende, öffnende Gesten unterstützen das Gesagte
- → vor der Brust verschränkte Arme erscheinen oft als Abwehrhaltung
- → eine offene Körperhaltung signalisiert Zuwendung, Offenheit, Interesse für den Gesprächspartner
- → Signalisieren von Zustimmung durch Nicken des Kopfes
- → Beachtung des Distanzbedürfnisses des Kunden (Mindestabstand halten)

c) → Frage nach der Preisvorstellung engt den Verkaufsspielraum ein
→ Alternativfrage (Schalen- oder Schnürschuhe) überfordert Kunden, da dieser noch keine Inlineskates hatte

Verbesserungsvorschlag:

„Haben Sie bereits Erfahrungen mit Inlineskates?"

„Haben Sie schon konkrete Vorstellungen bezüglich Ihrer Inlineskates?"

d) Mit diesem Vertrauensauslöser signalisiert die Verkäuferin dem Kunden, dass sein Kaufwunsch erfüllt werden kann.

e) → Vorlegen verschiedener Modelle in mittlerer Preislage
→ Eingehen auf die jeweiligen Vorteile der vorgelegten Modelle
→ Kunde erhält die Möglichkeit, die Modelle auszuprobieren

f) → Funktionsnotwendige Artikel machen den Hauptartikel erst einsatzbereit oder verwendbar (Beispiel: Batterie für einen Radiowecker).
→ Nützliche Zusatzartikel stellen eine sinnvolle Ergänzung zum Hauptartikel dar, werten diesen auf oder erweitern seine Verwendungsmöglichkeiten (Beispiel: Tragerucksack für Inlineskates, Zusatzobjektive für eine Kamera).

Aufg. 157

a) Da es sich um eine geschlossene Frage handelt („Kann ich Ihnen helfen?"), birgt diese Art der Kontaktaufnahme die Gefahr in sich, dass der Kunde mit „Nein" antwortet. Dadurch ist der Kontakt zum Kunden zunächst einmal abgebrochen und es wird schwierig, den Kontakt wiederaufzunehmen.

   Alternativvorschlag: Stellen einer offenen Frage mit Warenbezug z. B. „Guten Tag. Diese Stofftiere sind alle waschmaschinentauglich. Wie alt ist denn Ihr Enkel?"

b) Die Frage des Verkäufers („Haben Sie schon konkrete Vorstellungen?") ist ungeschickt.

   → Es ist eine geschlossene Frage und liefert keine Anknüpfungspunkte.

   → Würde der Kunde auf diese Frage hin konkrete Angaben machen, wäre der Verkaufsspielraum von Anfang an stark eingeschränkt. Die letzte Aussage des Verkäufers ist sehr negativ („Dann ist das natürlich immer schwierig") und nicht verkaufsfördernd.

   → Der Vorschlag („Wie wäre es mit einem Stofftier?") macht ohne vorherige Bedarfsermittlung keinen Sinn.

c) z. B. „Wie alt ist Ihr Enkel?"

   „Womit spielt Ihr Enkel gerne?"

   „Wofür interessiert sich Ihr Enkel?"

d) → Der Verkäufer erhält durch die Antworten Hinweise auf die Wünsche und Vorstellungen des Kunden.

   → Der Verkäufer zeigt mit Fragen, dass er sich für die Probleme des Kunden interessiert.

   → Es gelingt dem Verkäufer besser, eine Beziehung zum Kunden aufzubauen, wenn er mit Fragen Interesse am Kunden signalisiert.

   → Der Verkäufer erhält durch die Kundenäußerungen wertvolle Denkanstöße.

e)

offene Fragen	– werden in ganzen Sätzen beantwortet und liefern für das Verkaufsgespräch wichtige Informationen – beginnen häufig mit den Fragewörtern wer, wie, was, wann, warum (W-Fragen)
geschlossene Fragen	– ermöglichen dem Kunden nur wenige und kurze Antworten – sind geeignet, um das Verkaufsgespräch zu einem Abschluss zu bringen
Alternativfragen	– fordern Kunden auf, sich für eine von mehreren Möglichkeiten zu entscheiden – werden hauptsächlich eingesetzt, um einen Kaufabschluss herbeizuführen
rhetorische Fragen	– sind Fragen, auf die der Verkäufer vom Kunden keine Antwort erwartet – sollen beim Kunden Interesse und Spannung hervorrufen

f) Frage 1: Phase der Entscheidungsfindung

Durch die Verwendung von Alternativfragen kann die Entscheidungsfindung deutlich beschleunigt werden.

Frage 2: Ende des Verkaufsgesprächs

Nach getätigtem Kaufabschluss kann durch diese Frage ggf. ein Zusatzverkauf eines Ergänzungsartikels initiiert werden.

Aufg. 158

a) → die Ordnung im Kassenbereich muss gewährleistet sein

→ das Verpackungsmaterial (z. B. Tragetaschen) muss in ausreichendem Maße vorrätig sein

→ Ersatzkassenrollen müssen im Kassenbereich griffbereit liegen

→ notwendige Vordrucke, Stempel und Schreibgeräte sollten zur Verfügung stehen

→ die Kasse sollte genügend Wechselgeld beinhalten

b) z. B.

- → Blickkontakt zum Kunden aufnehmen
- → Kunden freundlich grüßen
- → bekannte Kunden mit Namen ansprechen
- → sorgfältig und wertschätzend mit der gekauften Ware umgehen
- → den zu zahlenden Betrag nennen
- → nach Kundenkarte/Bonuskarte fragen
- → Ware ggf. in Tüte einpacken
- → sich für den Kauf bedanken
- → den Kunden freundlich verabschieden

c) Barzahlung: Kunde zahlt mit Bargeld, Verkäufer erhält Bargeld

Halbbare Zahlung: Kunde zahlt mit Bargeld und Verkäufer erhält Buchgeld (z. B. Zahlschein,Nachnahme) oder Kunde zahlt mit Buchgeld und der Verkäufer erhält Bargeld (z. B. Barscheck).

Bargeldlose Zahlung: Kunde zahlt mit Buchgeld, Verkäufer erhält Buchgeld (z. B. EC-Karte, Kreditkarte, Überweisung).

An der Kasse wird der Kunde entweder bar oder bargeldlos zahlen. Mit der halbbaren Zahlung wird ein Kassierer nicht in Berührung kommen.

d) Vorteile:

- → kein Konto notwendig
- → schnell, bequem für kleine Beträge
- → keine Kosten
- → guter Überblick über das noch vorhandene Geld

Nachteile:

- → Verlustgefahr
- → Gefahr des Diebstahls
- → Notwendigkeit, genügend Bargeld dabei zu haben
- → bei größeren Beträgen keine Spontankäufe möglich

Aufg. 159

a) ⇢ Karte einlesen
- ⇢ Eingabe der PIN/Freigabe (Alternative: Unterschreiben des Belegs am Ende des Zahlungsvorgangs)
- ⇢ Überprüfung der Transaktion (online)
- ⇢ Freigabe der Zahlung
- ⇢ Entnahme der Karte aus dem Lesegerät
- ⇢ Rückgabe der Karte an den Kunden
- ⇢ Ausdruck des Kassenbons/Zahlungsbelegs

b) Vorteile für das Warenhaus MCC, z. B.
- ⇢ geringere Bargeldbestände in den Kassen
- ⇢ kein Falschgeldrisiko
- ⇢ keine Geldzählfehler
- ⇢ Zusatzumsatz durch Spontankäufe
- ⇢ Zahlungsgarantie durch Geldinstitut

Vorteile für Kunden, z. B.
- ⇢ Unabhängigkeit vom Bargeld
- ⇢ Minimierung des Verlustrisikos
- ⇢ Sicherheit durch PIN
- ⇢ kein Falschgeld-Risiko

c) Warenbezogene Serviceleistungen, z. B.
- ⇢ Reparatur
- ⇢ Wartung
- ⇢ Änderungsservice
- ⇢ telefonische Bestellung
- ⇢ Aufstellen von technischen Geräten
- ⇢ Auswahlsendungen
- ⇢ Verpackungsservice

Warenunabhängige Serviceleistungen, z. B.
- ⇢ Gepäckaufbewahrung
- ⇢ Parkplätze, kostenloses Parkhaus
- ⇢ Lift, Rolltreppe
- ⇢ Cafeteria, Restaurant
- ⇢ Kinderbetreuung, Spielecke

→ Kundentoilette
→ Kundenpinnwand für An- und Verkäufe

d) z. B.
→ Verstärkung der Kundenbindung
→ Gewinnung von Stammkunden
→ Steigerung der Kundenzufriedenheit
→ Wettbewerbsvorteil durch zusätzlichen Kundennutzen
→ Abheben von der Konkurrenz

Aufg. 160

a) Der Zahlvorgang ist der letzte Eindruck, den ein Kunde mit „nach Hause" nimmt. Durch das Auftreten kann ein Kassierer dazu beitragen, den positiven Gesamteindruck abzurunden oder – bei nicht kundenorientiertem Verhalten – wieder deutlich zu verschlechtern.

b) z. B.
→ Höflichkeit
→ Wertschätzung
→ Engagement
→ Geduld
→ Belastbarkeit/Fähigkeit, auch in Stresssituationen ruhig zu bleiben
→ Freundlichkeit (auch in Stresssituationen)
→ Fähigkeit, mit schwierigen Kunden umzugehen

c) Unter Tageslosung versteht man die Bareinnahmen der Warenverkäufe eines Tages. Sie berechnet sich wie folgt:

Kassenendbestand bei Geschäftsschluss
\+ Auszahlungen im Laufe des Tages (Wareneinkäufe, Geschäftsausgaben, Privatentnahmen, Sonstiges)
– Anfangsbestand
– sonstige Einzahlungen
= Bareinnahmen der Warenverkäufe eines Tages (Tageslosung)

d) Beim Kassensturz handelt es sich um eine nicht angekündigte Kassenkontrolle außerhalb der normalen Kassenabrechnung. Dabei sollen die Ursachen von Kassendifferenzen festgestellt werden.

	Mögliche Ursachen: → Fehler beim Kassieren → Wechselgeld wird falsch ausgegeben → Diebstahl, Unterschlagung → Kundenreklamationen wegen angeblich falschen Wechselgeldes Maßnahmen zur Vermeidung von Kassendifferenzen: → Kassieranweisungen des Betriebes einhalten → bei größeren Geldscheinen den Betrag deutlich nennen → den Kunden das Wechselgeld laut vorzählen → das vom Kunden gezahlte Geld in der Kasse deponieren → die Kasse nach jedem Vorgang schließen
Aufg. 161	a) z. B. → Blickkontakt aufnehmen → jeden Kunden an der Kasse begrüßen → wenn möglich, den Kunden mit Namen ansprechen → die Ware sorgfältig behandeln, Sicherheitsetiketten entfernen → sich für den Kauf bedanken → Kunden freundlich verabschieden b) → Lange Diskussionen mit den Kunden sollten auf jeden Fall vermieden werden. → Wenn möglich, sollte die Reklamation von der Abteilung abgewickelt werden, in der die Ware gekauft wurde. → Der Retour-Bon ist an der Kasse einzugeben, wenn der Kunde den bereits bezahlten Kaufpreis erstattet bekommt. → Es erfolgt eine Barauszahlung bzw. eine Gutschrift bei Bezahlung mit Karte. → Die Ware ist beim Einscannen dem Bestand wieder hinzu zu buchen. c) Vorteile aus Sicht des Warenhauses, z. B. → stärkere Kundenbindung an das Warenhaus → Gewinnung von Stammkunden

	→ gezielte Werbeaktionen möglich → Gewinnung von Daten über das Einkaufsverhalten der Kunden Vorteile aus Sicht des Kunden, z. B. → Kreditfunktion der Karte → Barzahlungsrabatte → Rabatte über Pay-back-Verfahren → Möglichkeit, Punkte für Sonderaktionen zu sammeln → Informationen über Aktionen → Einladung zu Events d) Gegen Vorlage eines Coupons erhält die Kundin z. B. einen bestimmten prozentualen Rabatt auf den Einkauf insgesamt oder auch nur auf den Einkauf bestimmter Waren. Argumente für die Herausgabe von Coupons sind z. B. → Bindung von Stammkunden → Gewinnung von Neukunden → Umsatzsteigerung durch vermehrte Einkäufe → Nutzung zur Unterstützung von Werbeaktionen → Bei Couponinhabern wird Interesse am Sortiment geweckt.
Aufg. 162	a) → Gültigkeit der Karte prüfen → Karte einlesen → Beleg ausdrucken → Kunden Beleg unterschreiben oder PIN eingeben lassen (hängt von dem Institut ab, das die Karte ausgegeben hat) → Übereinstimmung der Kundenunterschrift von Kreditkarte und Beleg überprüfen → Karte und Beleg an Kunden ausgeben b) Vorteile sind z. B. → geringere Bargeldbestände in den Kassen → kein Falschgeldrisiko → keine Geldzählfehler → Zusatzumsatz durch Spontankäufe

Nachteile sind z. B.

- → späterer Zahlungseingang
- → zusätzliche Kosten durch den Kauf von notwendiger Hardware (z. B. Lesegerät u. Ä.)
- → zusätzliche Kosten durch Abrechnungsgebühren der Kartenorganisation

c)

Electronic Cash		Geldkarte
Anwendung bei mittleren bis höheren Kaufbeträgen	⇔	Anwendung bei kleineren Kaufbeträgen
technische Voraussetzung der Karte: Magnetstreifen	⇔	technische Voraussetzung der Karte: Mikrochip
Zahler muss Kontoinhaber sein	⇔	bei kontoungebundener Geldkarte muss Nutzer nicht Kontoinhaber sein
Eingabe der Geheimnummer (PIN) am Händlerterminal	⇔	keine Eingabe der Geheimnummer (PIN) am Händlerterminal
Onlineverbindung des Händlers zur Bank	⇔	keine Onlineverbindung des Händlers zur Bank
unbefugte Nutzung kann durch Sperren der Karte verhindert werden	⇔	unbefugte Nutzung kann nicht verhindert werden
Überblick über Zahlungsvorgänge durch Kontoauszüge	⇔	Überblick über Zahlungsvorgänge durch Taschenkartenleser

Die Geldkarte hat sich in der Praxis bislang nicht durchsetzen können. Der Trend geht nun zunehmend in Richtung bargeldloses Zahlen mit dem Smartphone (Google Pay, Apple Pay).

Aufg. 163	a) 4.990,76 EUR Kassenbestand bei Geschäftsschluss – Kassenbestand bei Geschäftsbeginn = 2.755,00 + 45,76 + 2.390,00 – 200,00 b) – 1,00 EUR 4.990,76 – 4.991,76 c) 29,89 EUR 4.991,76/167
Aufg. 164	4
Aufg. 165	3
Aufg. 166	–0,05 EUR 6.792,85 – 79,95 + 250,00 = 6.962,90; 6.962,85 – 6.962,90
Aufg. 167	3
Aufg. 168	–0,01 EUR 3.354,96 – 29,95 + 300,00 = 3.625,01; 3.625,00 – 3.625,01
Aufg. 169	2
Aufg. 170	a) 72,63 EUR 92,58 – 19,95 b) 134,58 EUR 104,63 + 29,95
Aufg. 171	a) 4.595,37 EUR (2.860,00 + 55,37 + 1.980,00) – 300,00 b) –0,05 EUR Ergebnis Aufgabe a) – 4.595,42 = 4.595,37 – 4.595,42 c) 23,33 EUR 4.595,42/197
Aufg. 172	a) z. B. → Spielanleitung → notwendige Hardwarevoraussetzungen → Spielvariationen → Spielsimulation/-vorführung → Sicherheitshinweise → Preisargumente

	b) z. B. ⇢ Zeitungsbeilage in der regionalen Zeitung ⇢ Zeitungsanzeige in der regionalen Zeitung ⇢ Handzettel ⇢ Plakate ⇢ Radiospot im lokalen Hörfunksender ⇢ Flyer c) z. B. ⇢ erhöhte Aufmerksamkeit bei den Kunden ⇢ zusätzliche Impulskäufe ⇢ Absatzsteigerung ⇢ Umsatzsteigerung ⇢ Gewinnsteigerung d) A = Attention (Die Aufmerksamkeit wird angeregt.) I = Interest (Das Interesse wird geweckt.) D = Desire (Der Besitzwunsch wird ausgelöst.) A = Action (Kunden kaufen das Produkt.)
Aufg. 173	a) ⇢ Wirksamkeit: Mit Werbung soll eine Wirkung bei den Kunden erzielt werden. ⇢ Wirtschaftlichkeit: Das Kosten-Nutzen-Verhältnis der Werbung soll stimmen (Werbeerfolgskontrolle). ⇢ Klarheit: Den Kunden soll eine klare Werbebotschaft vermittelt werden. ⇢ Wahrheit: Die Werbung soll in ihrer Sachaussage der Wahrheit entsprechen. b) ⇢ Werbeziel: Was will man mit der Werbeaktion erreichen? ⇢ Werbeetat: Wie viel Geld steht für die Werbung zur Verfügung? ⇢ Zielgruppe: Welcher Kundenkreis soll angesprochen werden? ⇢ Werbeobjekt: Für welches Produkt soll geworben werden? ⇢ Werbemittel: Mit welchen Mitteln (verkörperte Werbebotschaften wie Anzeigen, Fernsehspots, Flugblätter, Prospekte, Plakate, Warenproben usw.) soll geworben werden?

→ Werbeträger: Über welche personellen oder stofflichen Streumittel (z. B. Zeitungen, Zeitschriften, Fernseher, Hörfunk, Litfaßsäulen, Messen) soll die Werbung übermittelt werden?

→ Streugebiet: In welchem Gebiet soll geworben werden?

→ Streuzeit: Zu welchen Terminen und wie lange soll geworben werden?

→ Werbeerfolgskontrolle: Wie viel zusätzlicher Umsatz steht welchen Kosten gegenüber?

Aufg. 174

a) Warenplatzierung: Wo ist die Ware im Geschäft/Laden zu finden?

Warenpräsentation: Wie wird die Ware gezeigt, vorgelegt, vorgeführt?

b) Verkaufsschwache Ladenzonen:

→ Eingangszone

→ Ladenecken

→ Mittelzonen

→ Zonen links in Laufrichtung

Verkaufsstarke Ladenzonen:

→ Kassenzone

→ Bereiche in der Nähe von Rolltreppen/Aufzügen

→ Gangkreuzungen

c) z. B.

→ für attraktive Warenpräsentation sorgen

→ Aktions- und Zweitplatzierung vornehmen

→ Sonderangebote

→ attraktive Produkte in Augenhöhe platzieren

→ rechts in Kundenlaufrichtung platzieren

d) z. B.

→ Produkte in Augenhöhe genießen hohe Aufmerksamkeit

→ schwere Artikel eher unten, leichtere Artikel eher oben einräumen

→ Zusammenstellen von zusammengehörenden, -passenden und sich ergänzenden Produkten

→ die Produkte, die am besten platziert werden sollen, in die Sichtzone einräumen

	→ zweibeste Platzierung: Griffzone → drittbeste Platzierung: Reckzone → Bückzone ist schlechteste Platzierung, gut geeignet für Plankäufe, d. h., Kunde hatte schon bei Betreten des Geschäfts geplant, das Produkt zu kaufen und sucht gezielt danach
Aufg. 175	a) z. B. Welche Waren sollen in der Sonderaktion angeboten werden? Wie lange soll die Aktion dauern? Wie viele Mitarbeiter werden für die Aktion benötigt? Sind genügend Waren für die Aktion vorrätig? Welche Fläche im Warenhaus ist für die Aktion geeignet? Wie kann die Aktion beworben werden? b) Werbemittel: Mit welchen Mitteln (verkörperte Werbebotschaften wie Anzeigen, Flugblätter, Plakate, Fernsehspots usw.) soll geworben werden? Vorschläge: → Anzeige in der regionalen Tageszeitung → Verteilung von Handzetteln → Beilage in regionaler Tageszeitung und/oder Anzeigenblatt → Radiospot im lokalen Hörfunksender c) Streugebiet: In welchem regionalen Gebiet soll geworben werden? Streuzeit: Zu welchen Terminen und wie lange soll geworben werden?
Aufg. 176	a) Produktwerbung: Werbung für ein bestimmtes Produkt Sortimentswerbung: Werbung für ein ganzes Sortiment oder eine Warengruppe b) Ökonomische Ziele: → Umsatz erhöhen → Gewinn erhöhen Außerökonomische Ziele: → Aufmerksamkeit für das eigene Unternehmen wecken → die Kunden informieren

c) z. B.

- → Schüler/Studenten
- → Familien
- → Rentner
- → Menschen mit gehobenem Einkommen

Aufg. 177

a) Eingangsbereich: Eher schwache Verkaufswirksamkeit, da die Kunden mit hohem Tempo in den Laden eintreten und die Wahrnehmung nicht auf die ersten Meter des Ladens fokussiert ist.

Mittelzone: Eher schwache Verkaufswirksamkeit, da Kunden sich instinktiv lieber am Rand der Verkaufsfläche bewegen.

Hauptweg: Starke Verkaufswirksamkeit, da die Kunden den kürzesten Weg bzw. den Weg, den alle anderen Kunden benutzen, bevorzugen.

Kassenzone: Starke Verkaufswirksamkeit, da die Kunden dort warten müssen und Zeit haben, sich umzuschauen.

b) Suchartikel:

Beispiele: Senf, Salz, Gewürze

Geeignete Verkaufszone: hinterer Ladenbereich in der Bückzone des Regals

Begründung: Kunden werden gezwungen, durch den ganzen Verkaufsraum zu gehen und dabei evtl. zu weiteren Impulskäufen verleitet.

Impulsartikel:

Beispiele: Süßigkeiten, Zeitschriften, Kaugummi, Zigaretten

Geeignete Verkaufszone: Kassenbereich im Sichtbereich des Regals

Begründung: Kunden halten sich länger dort auf, müssen warten und werden so evtl. zum Spontankauf verleitet

c) z. B.

- → Farben
- → Bilder
- → Bodenbeläge
- → Duft
- → Bewegungsfreiraum
- → Temperatur
- → Musik

Aufg. 178

a) *Werbung* verfolgt das Ziel, die Kaufentscheidung der Kunden für ein Produkt herbeizuführen.

Unter *Verkaufsförderung (Sales Promotion)* versteht man gezielte Maßnahmen, die unmittelbar am Käufer bzw. Verkäufer direkt am Verkaufsort ansetzen, um den Absatz der Produkte zu unterstützen. Maßnahmen der Verkaufsförderung sind z. B. Preisausschreiben, Gutscheinaktionen, Geschmacksproben, günstige Warenplatzierung, Einsatz von Verkaufspropagandisten, Verkäuferschulungen u. Ä.

Public Relations (PR) verfolgt das Ziel, das Image des Unternehmens in der Öffentlichkeit zu verbessern bzw. den guten Ruf und das Ansehen zu erhalten. Hier steht das Unternehmen als Ganzes im Vordergrund und nicht die Absatzsteigerung einzelner Produkte. Maßnahmen im Rahmen der PR eines Unternehmens sind beispielsweise Tage der offenen Tür, Spenden, Sponsoring von Kunst, Kultur und Sportveranstaltungen u. Ä. Wichtig ist dabei, dass die Ereignisse über die Medien verbreitet werden (Motto: „Tue Gutes – und sorge dafür, dass andere darüber reden!").

b) z. B.

→ Verkostungsflächen/Probierstände (bei Lebensmitteln)

→ Produktvorführungen

→ Themenpräsentationen

→ Verbundplatzierung

→ zusätzliche Attraktionen

c) → Bruttoverkaufspreis (einschließlich Umsatzsteuer)

→ Grundpreis (bei offener Ware)

→ Mengeneinheit

→ handelsübliche Gütebezeichnung

d) Preisauszeichnungspflicht für Waren:

→ in Schaufenstern

→ in Schaukästen

Keine Auszeichnungspflicht:

→ bei Kunstgegenständen

→ bei Antiquitäten

→ bei Blumen und Pflanzen, die unmittelbar vom Freiland oder vom Treibhaus verkauft werden

e) Artikel 1: $\frac{(29{,}95 \text{ EUR} - 24{,}95 \text{ EUR}) \cdot 100}{29{,}95 \text{ EUR}} = 16{,}69\,\%$

Artikel 2: $\frac{9{,}95 \text{ EUR} \cdot 100}{75} = 13{,}27 \text{ EUR}$

Artikel 3: $24{,}95 \text{ EUR} - (0{,}2 \cdot 24{,}95) = 19{,}96 \text{ EUR}$

Aufg. 179

a) → psychologischer Kaufzwang: Ausnutzung von Zwangslagen oder geschäftlicher Unerfahrenheit der Kunden, Drohungen

→ üble Nachrede: Verbreitung von geschäftsschädigenden Behauptungen über Konkurrenten

→ Schleichwerbung: Kunden können nicht erkennen, dass es sich um eine Werbebotschaft handelt.

→ Anlocken von Kunden: Kunden werden durch Lockvogelangebote oder andere irreführende Werbung in das Geschäft gelockt.

b) → irreführende Preise: überhöhte Ausgangspreise (Mondpreise), die den Verbrauchern hohe Preisnachlässe vortäuschen

→ Lockvogelwerbung: Sonderangebote sind nicht in ausreichenden Mengen vorhanden und dienen nur dazu, die Kunden in das Geschäft zu locken.

→ Mogelpackungen: Verpackungen mit übertriebenen Abmessungen

c) Ein Vergleich der eigenen Produkte mit denen von Mitbewerbern in der Werbung ist erlaubt, wenn objektive und nachprüfbare Eigenschaften herangezogen werden und der Mitbewerber nicht herabgesetzt oder verunglimpft wird.

Aufg. 180	Unter E-Commerce versteht man die elektronische Abwicklung von Geschäften über das Internet. Onlineshops sind eine spezielle Form des Versandhandels. Endverbraucher können dabei das Waren- und Dienstleistungsangebot des Onlinehandels nutzen. Formen des E-Commerce: Business-to-Consumer (B2C) ⇨ Geschäftsbeziehung Einzelhandel zu Kunden Business-to-Business (B2B) ⇨ Geschäftsbeziehung Einzelhandel zu Lieferanten
Aufg. 181	→ schneller Einkauf, 24 Stunden am Tag → örtliche und zeitliche Ungebundenheit → bequeme Warenauswahl von zu Hause aus → große Warenauswahl → vielfaltige Vergleichsmöglichkeiten und hohe Übersichtlichkeit beim Sortiment → Preistransparenz → oft günstigere Preise als im stationären Handel → Kosten- und Zeitersparnis → mehr Informationen → Rückgaberecht
Aufg. 182	→ Erschließung zusätzlicher Absatzmöglichkeiten → schnelle Abwicklung von Kundenbestellungen → Kundenprofile zur gezielten Gestaltung von Marketingmaßnahmen und für zielgruppenspezifische Onlineangebote → geringere Kosten u. a. für Personal, Lager, Verkaufsraume → Kostensenkungen durch einen hohen Grad an Automatisierung → Einsparpotenziale beim Einkauf durch hohe Markttransparenz → flexiblere und schnellere Reaktion auf Marktveränderungen → vielfaltige Möglichkeiten der Kommunikation mit den Kunden, z. B. durch Social Media

Aufg. 183	Impressumspflicht: Anbieterkennzeichnung nach dem Telemediengesetz → gilt für alle Anbieter von Websites → angegeben werden müssen: Vor- und Zunahme des Anbieters, Firma, postalische Anschrift, E-Mail/Telefonnummer/Faxnummer, Rechtsform und Vertretungsberechtigte, Umsatzsteuer-Identifikationsnummer, Registereintrag, Link mit Hinweis auf die Möglichkeit einer Onlinestreitbeilegung
Aufg. 184	Button-Lösung: Besondere Informationspflicht auf der Bestellseite. Aus Gründen des Verbraucherschutzes muss der Bestellbutton gut lesbar und rechtlich einwandfrei beschriftet sein. Möglich sind Kennzeichnungen wie „zahlungspflichtig bestellen" oder „kaufen". Wesentliche Produkteigenschaften, Preis und Versandkosten sind den Kunden unmittelbar vor der Bestellung klar und verständlich anzuzeigen.
Aufg. 185	Benutzerfreundlichkeit: ansprechendes Design, Möglichkeiten zur Zwischenspeicherung und zum Widerruf, eine sinnvolle Navigationsstruktur mit intelligenten Suchfunktionen, einfach strukturierte Bezahlseiten Ziele: die gewünschte Ware mit möglichst wenig Klicks auffinden, Barrierefreiheit Service: Erreichbarkeit über verschiedene Kanäle und schnelle Beantwortung von Kunden-E-Mails, günstige Versandkosten, kundenfreundliche Abwicklung von Reklamationen Ziele: kurze Reaktionszeiten, konkurrenzfähige Preise Sicherheit: Verschlüsselungstechnologien für Kundendaten und Zahlungsverkehrsinformationen Ziele: durch Datenschutz Kundenvertrauen schaffen, Betrugsprävention, Rechtssicherheit für Händler und Kunden Warenpräsentation: gutes Bildmaterial und eine verständliche Produktbeschreibung, Produktbeurteilungen ermöglichen Ziel: Kunden zum Kauf bewegen Technik: geeignete Technik und eine passende Onlineshop-Software sind notwendig für einen reibungslosen Betrieb Ziele: kurze Ladezeiten, wenig Ausfallzeiten, spätere Wechsel vermeiden

	Onlinemarketing: sinnvoller Einsatz und Abstimmung der Onlinemarketing-Instrumente Ziele: Bekanntheitsgrad, Besucherhäufigkeit, Käufe steigern Zahlverfahren: fehlt die passende Bezahlmöglichkeit, brechen viele Kunden den Kaufvorgang ab Ziele: die für die Kunden optimale Zahlungsart anbieten, Zahlungssicherheit gewährleisten
Aufg. 186	→ Websitemarketing → Suchmaschinenoptimierung → Bannerwerbung → E-Mail-Newsletter-Marketing → Affiliate-Marketing → Social-Media-Marketing
Aufg. 187	Beim Affiliate-Marketing bietet ein Websitebetreiber anderen Unternehmen Werbemöglichkeiten auf seiner Seite. Dadurch soll die Zielgruppe des werbetreibenden Unternehmens direkt über die Partnerseite angesprochen werden. Der Websitebetreiber erhält im Gegenzug eine Provision. Die MCC GmbH könnte also versuchen auf einschlägigen Websites einen Affiliate-Link zum eigenen Onlineshop zu platzieren.
Aufg. 188	a) Der Multichannel-Handel verbindet das stationäre Geschäft mit dem Onlinehandel und eröffnet so Einzelhandelsgeschäften einen weiteren Vertriebskanal. Kunden können Waren sowohl im Ladengeschäft als auch über den Webshop des Händlers beziehen. b) Zwischen den einzelnen Vertriebskanälen bestehen vielfaltige Wechselbeziehungen. Die Kunden verteilen den Kaufprozess auf mehrere Kanäle. Sie informieren sich beispielsweise im Internet und kaufen anschließend im Ladengeschäft und umgekehrt. Ein eigener Onlineshop kann erhebliche Kaufimpulse auf andere Vertriebskanäle wie Katalogverkauf oder Einkäufe im stationären Ladengeschäft auslösen. Stationäre Handler können somit zusätzliche Kunden für ihre Ladengeschäfte gewinnen, indem sie z. B. die Selbstabholung der online bestellten Ware anbieten.

	Eine digitale Präsenz macht Kunden auf den stationären Handel aufmerksam und erhöht dessen Umsatze. c) Cross-Channel-Retailing: Die Händler können die verschiedenen Vermarktungs- und Verkaufskanäle aufeinander abstimmen. Multi-Channel-Retailing: Der Händler führt die Verkaufskanäle völlig separat nebeneinander. d) → Onlineverfügbarkeitsabfragen von stationären Waren → Reservierungsservice → Lieferung der online bestellten Ware in einen stationären Shop (Click & Collect-Service)
Aufg. 189	Visits: Anzahl der Besuche einer Website innerhalb einer bestimmten Zeiteinheit, z. B. Besuche pro Stunde Seitenaufrufe pro Besucher: Sie zeigen die Aufrufe einer bestimmten Website innerhalb eines Internetauftritts. Absprungrate: Sie informiert über das Besucherverhalten auf einer Website und erfasst den Anteil der Besucher mit nur einem einzigen Seitenaufruf. Conversion-Rate: Sie zeigt die Anzahl der Website-Besucher, die eine gewünschte Transaktion durchgeführt haben, z. B. Newsletter-Abo, Bestellung. Verweildauer: Die Aufenthaltszeit gibt Hinweise auf die Qualität einer Website. Rate der wiederkehrenden Besucher: Sie verweist auf interessante Inhalte und Attraktivität einer Website. Anzahl der Abonnenten: Sie zeigt, wie viele Menschen man mit Onlinemarketingmaßnahmen erreicht. Bestellungen pro Besucher: Diese Kennzahl misst die durchschnittliche Anzahl von Bestellungen pro Besucher einer Website.
Aufg. 190	→ Sofortüberweisung: Eine Sofortüberweisung funktioniert ohne zusätzliches Konto und ohne Registrierung. Die Zahlung erfolgt schneller als bei Vorauskasse oder Banküberweisung. Die Kunden erhalten so schneller die

→ Ware. Der Käufer füllt auf der Website ein Überweisungsformular aus. Abgeschickt wird die Überweisung nach Eintippen der PIN und einer TAN. Der Handler erhält eine Bestätigung, dass das Geld verschickt wurde. Aber der Nutzer muss PIN und TAN auf der bankfremden Seite „sofortueberweisung.de" angeben.

→ PayPal: Käufer hinterlegen bei der Registrierung ihre Bank- oder Kreditkartendaten einmalig beim Bezahlsystem PayPal und müssen diese künftig beim Onlineeinkauf nicht mehr angeben. Die fälligen Beträge ruft PayPal vom Kundenkonto ab und überweist diese auf das Konto des jeweiligen Händlers. Bei Rücksendungen erhalt der Kunde den Kaufpreis in der Regel bei PayPal gutgeschrieben. Dieses Guthaben kann er entweder für den nächsten Einkauf bei PayPal aufbewahren oder gebührenfrei auf sein Bankkonto zurücküberweisen lassen.

→ Amazon Payments: Amazon-Kunden können dieses Bezahlsystem auch bei anderen Onlinehändlern nutzen, wenn diese am Amazon-Bezahlsystem teilnehmen. Die Zahlung wird also über das Zahlungssystem von Amazon abgewickelt. Amazon-Kunden haben die Sicherheit, mit einer bekannten Zahlungsvariante bezahlen zu können.

→ Paydirekt: Hierbei handelt es sich um ein Onlinebezahlverfahren deutscher Kreditinstitute. Kunden benötigen ein Girokonto bei einem Kreditinstitut sowie einen Onlinebanking-Zugang. Die Zahlung wird direkt ohne Drittanbieter über das Girokonto des Käufers abgewickelt und an das Konto des Händlers gesendet. Der Onlinehändler erhält keine Kontoinformationen. Bei Kontodeckung erhält der Händler nach der Eingabe eine sofortige Bestätigung der Zahlung und kann die Ware verschicken. Der Käufer sieht die Abbuchungen auf seinem Kontoauszug, im Onlinebanking und der paydirekt-App.

→ Prepaidkarten: Mit Guthabenkarten ist die Zahlung ohne die Angabe sensibler Daten möglich. Es handelt sich um Karten, auf der ein Guthaben gespeichert ist. Kunden können Prepaidkarten in einer Vielzahl von Ladengeschäften erwerben. Die Bezahlung eines Onlineeinkaufs erfolgt über die Eingabe der auf der Karte aufgedruckten PIN.

	→ Mobile Payment: Bei dieser Zahlungsform nutzt der Zahlungspflichtige sein Smartphone oder Tablet für Einkaufe in Ladengeschäften sowie im Internet. Der Kunde scannt beim Einkauf den QR-Code einer Ware, wählt Anzahl und Produktvariation und akzeptiert die AGB des Händlers. Anschließend gibt er für den Kauf seine persönliche PIN für diesen Einkaufsvorgang ein.
Aufg. 191	a) → Aufstellen von technischen Geräten → Reparatur → Wartung → Änderungsservice → Verpackungsservice → Auswahlsendungen → telefonische Bestellung b) → Kinderbetreuung → Spielecke → Gepäckaufbewahrung → Parkplatze, Gebührenerstattung → Lift, Rolltreppe → Sitzplätze → Cafeteria, Restaurant → Kundentoilette → Kundenpinnwand für An- und Verkäufe c) → Kundenkarte → EC-Karte, Kreditkarte → Kreditkauf, Ratenkauf → Kreditberatung d) → Garantie → Kulanz → Umtausch

Teil C Warenwirtschaft im Einzelhandel – LÖSUNGEN

Aufg. 192	5
Aufg. 193	5
Aufg. 194	2
Aufg. 195	4
Aufg. 196	2
Aufg. 197	3
Aufg. 198	4
Aufg. 199	4
Aufg. 200	4
Aufg. 201	4
Aufg. 202	3
Aufg. 203	4
Aufg. 204	3
Aufg. 205	5
Aufg. 206	3
Aufg. 207	2
Aufg. 208	1
Aufg. 209	5
Aufg. 210	5
Aufg. 211	4, 7, 2, 6, 3, 1, 5
Aufg. 212	2
Aufg. 213	1
Aufg. 214	2
Aufg. 215	2
Aufg. 216	2
Aufg. 217	5
Aufg. 218	10 Stk. $20 + (x \cdot 5) = 70$ $x = \frac{70 - 20}{5} = 10$
Aufg. 219	1
Aufg. 220	5

Aufg. 221	1
Aufg. 222	2
Aufg. 223	5
Aufg. 224	50 Stk. $10 + (5 \cdot 8)$
Aufg. 225	30 Tage $\frac{360 \text{ Tage}}{\text{Lagerumschlagshäufigkeit}} = \frac{360 \text{ Tage}}{12} = 30 \text{ Tage}$
Aufg. 226	12 $\text{Lagerumschlagshäufigkeit} = \frac{\text{Wareneinsatz}}{\text{durchschnittlicher Lagerbestand}}$ $\text{Wareneinsatz} = 26.200 + 304.600 - 24.800 = 306.000$ $\text{Durchschn. Lagerbest.} = \frac{26.200 + 24.800}{2} = 25.500$ $\text{Lagerumschlagshäufigkeit} = \frac{306.000}{25.500} = 12$
Aufg. 227	2
Aufg. 228	5
Aufg. 229	3
Aufg. 230	6 Tage $20 + (10 \cdot x) = 80$ $x = \frac{80 - 20}{10} = 6$
Aufg. 231	3
Aufg. 232	4
Aufg. 233	1
Aufg. 234	5
Aufg. 235	3
Aufg. 236	2
Aufg. 237	3
Aufg. 238	3
Aufg. 239	5

Aufg. 240	11 Stück $10 + (x \cdot 5) = 65$ $x = \frac{65 - 10}{5} = 11$
Aufg. 241	5
Aufg. 242	4

Teil D Einzelhandelsprozesse – LÖSUNGEN

Aufg. 243	→ Warenbeschaffung: Wareneinkauf in größeren Mengen beim Großhandel und bei den Herstellern → Warenbereitstellung: Lagerung der eingekauften Produkte und Angebote eines kundengerechten Warensortiments → Warenabsatz: Verkauf der Waren in kleineren Mengen und Beratung der Kunden
Aufg. 244	→ Sortimentsgestaltung: Aus dem Angebot der Hersteller wird ein Sortiment zusammengestellt, welches den Bedürfnissen der Endverbraucher entspricht. → Beratung und Service: Weitergabe von Informationen über Beschaffenheit, Qualität usw. an Kunden sowie Anbieten von Kundendienstleistungen (Service) → Lagerhaltung: Übernahme der Vorratshaltung, ggf. Veredelung der Waren durch Reifen, Mischen, Rösten u. Ä. → Warenverteilung: Kauf von größeren Warenmengen und Weiterverkauf in haushaltsgerechten Mengen an die Endverbraucher → Marktbeobachtung: Weitergabe von Informationen über das Kundenverhalten an Hersteller bzw. Lieferanten → Absatzförderung: Produkte von Herstellern werden durch verschiedene Maßnahmen des Einzelhandels (Verkaufsförderung, Werbung, Warenplatzierung, Empfehlungen im Verkaufsgespräch) bekannt gemacht und der Verkauf gefördert → Finanzierung: Kunden erhalten beim Kauf in Verbindung mit darauf spezialisierten Kreditinstituten die Möglichkeit von Ratenkrediten und Zahlungszielen

Aufg. 245	z. B. → Wie sind die Aufgaben gegliedert? → Welche Stellen sollen gebildet werden? → Wer kann wem Weisungen erteilen? → Wie ist die Unternehmenshierarchie aufgebaut? → Organigramm
Aufg. 246	→ Einkaufen von Waren → Lagern der Waren → Verkaufen der Waren
Aufg. 247	Produktbezogene Abteilungsgliederung (Objektprinzip): Es entstehen Abteilungen nach Warengruppen, z. B. Abteilungen Lebensmittel, Kleidung, Elektronik. Verrichtungsorientierte Abteilungsgliederung (Funktionsprinzip): Die Abteilungsbildung folgt nach Art der zu verrichtenden Tätigkeit, z. B. Abteilungen Einkauf, Lagerhaltung, Verkauf, Rechnungswesen.
Aufg. 248	Einliniensystem: Für jede Stelle gibt es nur eine übergeordnete Stelle, die Weisungen erteilt. Eine untergeordnete Stelle gibt Meldungen/Vorschläge nur an die unmittelbar übergeordnete Stelle. Mehrliniensystem: Mindestens eine untergeordnete Stelle erhält Weisungen von mehreren übergeordneten Stellen.
Aufg. 249	Vorteile: → Kurze Informationswege erhöhen die Flexibilität. → Durch den Einblick in mehrere Bereiche haben die Vorgesetzten große Sachkenntnis. → Der Einsatz der Mitarbeiter ist flexibler und die personellen Kapazitäten können so besser genutzt werden. Nachteile: → Die Überschneidung von Anweisungen kann zu Überlastung der Mitarbeiter führen. → Es kann zu Koordinierungsproblemen kommen. → Es besteht die Gefahr von Kompetenzstreitigkeiten zwischen Vorgesetzten.

Aufg. 250

Stabsstellen sind
- → nicht weisungsberechtigt,
- → haben eine beratende Funktion,
- → sind meist von Experten besetzt,
- → sind Hilfsstellen der Instanzen und bereiten die Entscheidungen der Instanzen vor.

Aufg. 251

Hauptziele:
- → Optimale Auslastung der Kapazitäten (Arbeitskräfte und Betriebsmittel)
- → Minimierung der Durchlaufzeiten (= Zeit zur Abwicklung der Arbeitsprozesse)

Dilemma der Ablauforganisation: Es ergeben sich Zielkonflikte bei dem Versuch beide Ziele gleichzeitig zu erreichen.

Aufg. 252

a) z. B.
- → Welche Menge soll bestellt werden?
- → Zu welchem Preis soll bestellt werden?
- → Wann soll bestellt werden?
- → Wo (sprich: bei welchem Lieferanten) soll bestellt werden?
- → Welchen qualitativen Anforderungen soll die bestellte Ware entsprechen?

b) Bezugskalkulation für das Angebot der Sport Tech GmbH

	Pro Stück	für Gesamtmenge (10 Stück)
Listeneinkaufspreis	550,00	5.500,00
– Liefererrabatt (5 %)	27,50	275,00
= Zieleinkaufspreis	522,50	5.225,00
– Liefererskonto (2 %)	10,45	104,50
= Bareinkaufspreis	512,05	5.120,50
+ Bezugskosten	8,00 (= 80/10)	80,00
= Bezugspreis	520,05	5.200,50

c) Bezugskalkulation für das Angebot 2 der Top Sport GmbH

	Pro Stück	für Gesamtmenge (10 Stück)
Listeneinkaufspreis	500,00	5.000,00
– Liefererrabatt (20 %)	100,00	1.000,00
= Zieleinkaufspreis	400,00	4.000,00
– Liefererskonto (3 %)	12,00	120,00
= Bareinkaufspreis	388,00	3.880,00
+ Bezugskosten	19,00 (=10 + 90/10)	190,00
= Bezugspreis	407,00	4.070,00

Bezugskalkulation für das Angebot 3 der Home Fitness KG

	Pro Stück	für Gesamtmenge (10 Stück)
Listeneinkaufspreis	550,00	5.500,00
– Liefererrabatt (15 %)	82,50	825,00
= Zieleinkaufspreis	467,50	4.675,00
– Liefererskonto (2 %)	9,35	93,50
= Bareinkaufspreis	458,15	4.581,50
+ Bezugskosten	0,00	0,00
= Bezugspreis	418,15	4.581,50

Bei Berücksichtigung aller Entscheidungskriterien fallen insbesondere die bisherigen Erfahrungen mit den Lieferanten ins Gewicht. Während mit der Sport Tech GmbH noch keinerlei Erfahrungen vorliegen, gab es mit der Top Sport GmbH (Angebot 2) immer wieder Schwierigkeiten. Die Home Fitness KG (Angebot 3) hat sich bei anderen Sportgeräten bereits als zuverlässiger Lieferant von qualitativ hochwertiger Ware gezeigt. Deshalb sollte sich die MCC GmbH trotz des etwas höheren Bezugspreises für das Angebot der Home Fitness KG entscheiden.

Aufg. 253

a) 588.000,00 EUR

Geplanter Wareneinsatz (= Bruttolimit) = Nettoumsatz – Handelsspanne

= 980.000,00 – 40 % · 980.000,00 = 588.000,00

b) 196.000,00 EUR

$$\text{Durchschn. Lagerbestand} = \frac{\text{Geplanter Wareneinsatz}}{\text{Umschlagshäufigkeit}}$$

$$= \frac{588.000{,}00\ \text{EUR}}{3} = 196.000{,}00\ \text{EUR}$$

c) 252.000,00 EUR

$$\text{Ø Lagerbestand} = \frac{(\text{Anfangsbestand} + \text{Endbestand})}{2}$$

Endbestand = Durchschnittlicher Lagerbestand · 2 – Anfangsbestand
= 196.000,00 EUR · 2 – 140.000,00 EUR = 252.000,00 EUR

d) 112.000,00 EUR

Endbestand – Anfangsbestand
= 252.000,00 EUR – 140.000,00 EUR = 112.000,00 EUR (Mehrbestand)

e) 700.000,00 EUR

Bruttolimit aus geplantem Wareneinsatz + Mehrbestand (= notwendiger Lageraufbau) = Nettolimit

588.000,00 EUR + 112.000,00 EUR = 700.000,00 EUR

f) 560.000,00 EUR

Nettolimit – Limitreserve = Freigegebenes Limit

700.000,00 EUR – 140.000,00 EUR = 560.000,00 EUR

g) Hohe Kosten durch

- → gebundenes Kapital im Lager (Lagerzinsen)
- → Lagerräume (z. B. Abschreibungen für Lagereinrichtung, Versicherung, Miete)
- → Lagerverwaltung (z. B. Personalkosten, Kosten für Organisationsmittel)
- → Schwund oder Verderb von Lagervorräten

h) z. B.

- → vergessene Dateneingabe bei Wareneingang/Retouren/Entnahme
- → fehlerhafte Dateneingabe bei Wareneingang/Retouren/Entnahme
- → Diebstahl

Aufg. 254

a) → Bezugsquellen ermitteln

- → Angebote bei verschiedenen potenziellen Lieferanten einholen
- → Angebote vergleichen
- → Kochtöpfe beim ausgewählten Lieferanten bestellen

b) → Der „Mindestbestand“ (auch „Sicherheitsbestand“ oder „eiserner Bestand“) ist der Lagerbestand, der nicht unterschritten werden darf, um die Produktion/Erfüllung von Kundenwünschen auch in Notfällen (z. B. Lieferengpass) aufrechterhalten zu können.

- → Bei Erreichen des „Meldebestandes“ durch Entnahmen aus dem Lagerbestand wird bei der automatischen Disposition eine Meldung an den Einkauf zur Auffüllung des Lagers – durch eine Bestellung – ausgelöst. Der Meldebestand bestimmt somit den fälligen Bedarfszeitpunkt.
- → Der „Höchstbestand“ ist der Bestand, der maximal im Lager vorhanden sein darf, um zu hohe Kosten und eine zu hohe Kapitalbindung zu verhindern.

c) Meldebestand = (Tagesbedarf · Beschaffungszeit) + Mindestbestand

Für den Kochtopf: Meldebestand = $(2 \cdot 5) + 1 = 11$

d) Die Bestellung ist an keine bestimmte Form gebunden. Sie kann schriftlich, mündlich, telefonisch, per E-Mail, per Fax u. Ä. erfolgen.

e) z. B.

- → Untersuchung der Verpackung auf äußerlich erkennbare Schäden. Beschädigungen lässt man sich auf dem Warenbegleitpapier bestätigen.

- → Vergleich der Angaben in den Warenbegleitpapieren (Lieferschein, Frachtbrief) hinsichtlich der Zahl oder des Gewichts der Verpackungseinheiten, z. B. Kisten, Paletten u. Ä.
- → Bestätigung des Warenempfangs auf der Kopie des Warenbegleitpapiers
- → Auspacken bestimmter Sendungen und Vergleichen der Art, der Menge und der Qualitätsangaben mit dem Lieferschein
- → Erfassung der Wareneingangsdaten (Datenabgleich zwischen der Warenannahme und der Lieferer- bzw. Bestelldatei)

Aufg. 255 a)

Bestellhäufigkeit	Bestellmenge (VE)	Ø Lagerbestand = ½ Bestellmenge (in Stk.)	Lagerhaltungskosten pro Jahr (in EUR)	Bestellkosten pro Jahr (in EUR)	Gesamtkosten pro Jahr (in EUR)
1	1.000	500	750,00	60,00	810,00
2	500	250	375,00	120,00	495,00
4	250	125	187,50	240,00	427,50
8	125	62,5	93,75	480,00	573,75
10	100	50	75,00	600,00	675,00

Die optimale Bestellmenge liegt bei 250 Stück, da hier die Summe aus Lagerkosten und Beschaffungskosten am niedrigsten ist.

b) Hohe Bestellmengen ermöglichen niedrige Bestellkosten, da sich der Verwaltungsaufwand reduziert und höhere Rabatte ausgehandelt werden können. Gleichzeitig führen hohe Bestellmengen auch zu hohen Lagerbeständen und damit hohen Lagerkosten. Bei niedrigen Bestellmengen ist es genau umgedreht. Daher wird die optimale Bestellmenge ermittelt, indem die Summe aus Bestellkosten und Lagerkosten minimiert wird.

c) Zwei Bedingungen:

- → Minimierung der Lagerkosten
- → Sicherung der Lieferbereitschaft

Besondere Schwierigkeit: Beide Bedingungen stehen in einem Zielkonflikt.

d) In den Lagerbeständen ist das Kapital gebunden und bringt keine Zinsen. Würde das Geld auf der Bank liegen, könnte es Zinsen erwirtschaften.

e) Artikeldatei z. B.

→ Qualität

→ Preis

→ Lieferzeit

Lieferantendatei z. B.

→ Lieferungsbedingungen

→ Zahlungsbedingungen

→ Garantien

Aufg. 256

a)

Listenpreis	500,00 EUR
– Liefererrabatt (10 % von LP)	50,00 EUR
= Zieleinkaufspreis	450,00 EUR
– Liefererskonto (2 % vom ZEP)	9,00 EUR
= Bareinkaufspreis	441,00 EUR
+ Bezugskosten	39,00 EUR
= Bezugspreis (= Einstandspreis)	480,00 EUR

b) z. B.

→ Zahlungsbedingungen

→ Lieferzeit

→ Qualität

→ Serviceleistungen (z. B. Ersatzteillieferung, Wartungsvertrag)

→ technische Ausstattung

→ Gewährleistung

c) Bestellrhythmusverfahren: Die Bestellung erfolgt in regelmäßigen Zeitabständen, ein annähernd konstant bleibender Absatz wird unterstellt.

Bestellpunktverfahren: Die Bestellung erfolgt immer dann, wenn ein vorher festgelegter Meldebestand erreicht ist.

Vorteile des Bestellpunktverfahrens:

→ im Vergleich zum Bestellrhythmusverfahren nur sehr niedriger Sicherheitsbestand notwendig

→ höhere Sicherheit bei schwankendem Verbrauch

→ größere Flexibilität ermöglicht niedrigere Lagerbestände und damit niedrigere Lagerkosten (insbesondere weniger gebundenes Kapital)

d) z. B.

„freibleibendes Angebot"

„unverbindliches Angebot"

„solange der Vorrat reicht"

„Angebot gilt nur bis zum 25.01. ..."

„Wir bieten Ihnen unverbindlich an ..."

Aufg. 257

a) Betrachtung der Absatzmengen (Spalte Monatsabsatz)

„Renner": Artikelnummer 8793 und 4789

„Penner": Artikelnummer 7403 und 4260

b) Betrachtung des Umsatzes (Spalte Monatsumsatz)

„Renner": Artikelnummer 4789 und 4681

„Penner": Artikelnummer 8793 und 7403

c) Betrachtung des Rohgewinns (Spalte Rohgewinn)

„Renner": Artikelnummer 4789 und 4681

„Penner": Artikelnummer 8793 und 4214

d) Rohgewinn = Bruttoverkaufspreis – Einstandspreis (brutto)

Reingewinn = Barverkaufspreis (netto) – Selbstkostenpreis

e) Meldebestand = Sicherheitsbestand + (Tagesumsatz · Lieferzeit) = 10 + (3 · 10) = 40

f) Artikelnummer 4260

Bestand: 32; Monatsabsatz: 10

g) $\underline{\text{Kalkulationszuschlag}}$ in % = $\frac{(\text{BVP} - \text{EP}) \cdot 100}{\text{EP}}$

Artikelnummer 4214:

$$\frac{(29{,}90 - 18{,}90) \cdot 100}{18{,}90} = \underline{58{,}20\ \%}$$

Artikelnummer 4789:

$$\frac{(69{,}90 - 38{,}50) \cdot 100}{38{,}50} = \underline{81{,}56\ \%}$$

Artikelnummer 8213:

$$\frac{(59{,}00 - 39{,}90) \cdot 100}{39{,}90} = \underline{47{,}87\ \%}$$

$$\underline{\text{Handelsspanne}}\text{ in } \% = \frac{(\text{NVP} - \text{EP}) \cdot 100}{\text{NVP}}$$

Artikelnummer 4214:

$$\text{NVP} = \frac{\text{BVP} \cdot 100}{119} = \frac{29{,}90 \cdot 100}{119} = 25{,}13$$

$$\frac{(25{,}13 - 18{,}90) \cdot 100}{25{,}13} = \underline{24{,}79\ \%}$$

Artikelnummer 4789:

$$\text{NVP} = \frac{\text{BVP} \cdot 100}{119} = \frac{69{,}90 \cdot 100}{119} = 58{,}74$$

$$\frac{(58{,}74 - 38{,}50) \cdot 100}{58{,}74} = \underline{34{,}46\ \%}$$

Artikelnummer 8213:

$$\text{NVP} = \frac{\text{BVP} \cdot 100}{119} = \frac{59{,}00 \cdot 100}{119} = 49{,}58$$

$$\frac{(49{,}58 - 39{,}90) \cdot 100}{49{,}58} = \underline{19{,}52\ \%}$$

h) Effiziente Lagerung der Produkte (gruppenweise und griffbereit): Beispielsweise werden häufig benötigte Artikel „vorn“ eingelagert, damit man einen schnelleren Zugriff darauf hat.

Aufg. 258

a) Bezugskalkulation für das Angebot 1 der Bike & Fun GmbH

Listeneinkaufspreis	1.500,00 EUR
– Liefererrabatt (10 %)	150,00 EUR
= Zieleinkaufspreis	1.350,00 EUR
– Liefererskonto (2 %)	27,00 EUR
= Bareinkaufspreis	1.323,00 EUR
+ Bezugskosten	50,00 EUR
= Bezugspreis	1.373,00 EUR

Bezugskalkulation für das Angebot 2 der Fahrrad Meier KG

Listeneinkaufspreis	1.450,00 EUR
– Liefererrabatt (0 %)	0,00 EUR
= Zieleinkaufspreis	1.450,00 EUR
– Liefererskonto (2 %)	29,00 EUR
= Bareinkaufspreis	1.421,00 EUR
+ Bezugskosten	90,00 EUR
= Bezugspreis	1.511,00 EUR

b) z. B.

- → Qualität
- → Zahlungsbedingungen (z. B. Zahlungsziel)
- → Lieferbedingungen (z. B. Lieferzeit)
- → Kundendienst
- → Zuverlässigkeit
- → Branchenimage

c) Differenzkalkulation

Listeneinkaufspreis	50,00 EUR
– Liefererrabatt (15 %)	7,50 EUR
= Zieleinkaufspreis	42,50 EUR
– Liefererskonto (3 %)	1,28 EUR
= Bareinkaufspreis	41,22 EUR
+ Bezugskosten	1,00 EUR
= **Bezugspreis**	**42,22** EUR

	+ Handlungskosten (50 %)	21,11 EUR
	= Selbstkostenpreis	63,33 EUR
	+ Gewinn (16,9 %)	**10,71** EUR
	= Nettoverkaufspreis	74,04 EUR
	+ 19 % Umsatzsteuer	14,06 EUR
	= Bruttoverkaufspreis	88,10 EUR

Aufg. 259

z. B.

- → zeitnahe Ermittlung der Warenbewegungsdaten
- → Sicherung eines bedarfsgerechten Dispositions- und Bestellwesens
- → Ermittlung und Fortschreibung der Warenbestandsdaten
- → artikelgenaue Kassenabwicklung
- → empfängerorientierte Aufbereitung von Warenwirtschaftsdaten (z. B. Wareneingangsstatistik, Lagerstatistik, Absatzstatistik)
- → Überwachung des Warenflusses (Controlling)

Aufg. 260

a) Marktanalyse: Untersuchung des Marktes zu einem bestimmten Zeitpunkt

Marktbeobachtung: Verfolgung der Marktentwicklungen über einen längeren Zeitraum

b) z. B.

- → Kundenansprüche
- → Kaufmotive der Kunden
- → Preisvorstellungen der Kunden
- → Struktur der potenziellen Nachfrager (Einkommen, Alter, Geschlecht, Bildung usw.)
- → Marketingstrategie der Konkurrenzunternehmen
- → Marktvolumen

c) z. B.

- → neue Ideen
- → keine Betriebsblindheit
- → hohe Fachkompetenz
- → große Erfahrung
- → fehlende personelle Ressourcen im eigenen Unternehmen

	d) z. B. → Umsatzveränderung → Absatzveränderung → zusätzlicher Umsatz/Werbekosten → Abverkaufsquote → Kundenfrequenz → Werberendite e) Es ist schwer festzustellen, ob der zusätzliche Umsatz wirklich ausschließlich auf die Werbeaktion zurückzuführen ist oder ob nicht auch andere Variablen ursächlich waren (z. B. allgemeine wirtschaftliche Entwicklung, Verhalten eines Mitbewerbers, saisonale Schwankungen). Darüber hinaus kann die Werbeaktion auch Effekte gebracht haben, die sich nicht unmittelbar in den Zahlen niederschlagen (z. B. allgemeiner Imageeffekt).
Aufg. 261	a) → Der Markt schrumpft und der Umsatzrückgang kann auch durch gezielte Marketingmaßnahmen nicht abgefangen werden. → Das Produkt verliert Marktanteile. → Das Produkt erwirtschaftet keine Gewinne mehr, sondern produziert stetig wachsende Verluste. b) Cash Cows: Marktanteil hoch, Marktwachstum niedrig Poor Dogs: Marktanteil niedrig, Marktwachstum niedrig c) → Elimination des Produktes: Das Produkt wird aus dem Sortiment genommen. → Relaunch (Rekonsolidierung) des Produktes: Das Produkt wird erheblich modifiziert und neu positioniert. Zielsetzung dieser Maßnahme ist, dass das Produkt einen weiteren Produktlebenszyklus durchläuft. d) → Einführungsphase → Wachstumsphase → Reifephase → Sättigungsphase

Aufg. 262

a) → Preis- und Konditionenpolitik: Festlegung der Preise und Preisstrategien sowie der Zahlungsbedingungen

→ Produkt- und Sortimentspolitik: alle Gestaltungsmöglichkeiten, was das eigentliche Produkt und die Zusammenstellung des Sortiments angeht (z. B. Qualität, Verpackung, Service)

→ Distributionspolitik: Entscheidung bezügl. der Absatzwege, Vertriebssysteme und Absatzorgane

→ Kommunikationspolitik: alle Maßnahmen, die die Kommunikation mit den Kunden und der Öffentlichkeit betreffen (Werbung, Public Relations, Sales Promotion)

b) → Produktinnovation

→ Produktvariation

→ Produktgestaltung

→ Produktdifferenzierung

→ Produktelimination

c) Der Auftraggeber (Kommittent) schließt mit dem Kommissionär (hier: MCC GmbH) einen Kommissionsvertrag ab. Die Kommissionsware wird dem Verkaufskommissionär geliefert, der eigene Verkaufsräume oder ein vom Kommittenten eingerichtetes Konsignationslager hat. Der Kommissionär schließt im eigenen Namen auf fremde Rechnung mit dem Kunden die Geschäfte ab. Der Kommissionär erfüllt das eingegangene Verpflichtungsgeschäft durch Bereitstellung/Lieferung der Ware und Eigentumsübertragung vom Auftraggeber auf den Kunden. Der Kunde erfüllt seine Hauptpflicht aus dem Kaufvertrag, indem er an den Kommissionär zahlt. Der Kommissionär leitet die Belege und den um die Provisionen verminderten Rechnungsbetrag einem Kommittenten weiter. Denkbar ist auch ein Selbsteintritt des Kommissionärs, d. h., der Kommissionär übernimmt die Ware mit Einverständnis des Kommittenten selbst.

Aufg. 263

a) Marktforschung: systematische Marktuntersuchung mit wissenschaftlichen Methoden zur Beschaffung von bestimmten Informationen über den Markt (z. B. über das Nachfrageverhalten, die Wettbewerber, die Kaufkraft)

Marktanalyse: einmalige Untersuchung des Marktes zu einem bestimmten Zeitpunkt im Hinblick auf bestimmte, bedeutsame Veränderungen (z. B. Kaufverhalten, Preisempfindlichkeit, Struktur der Kundschaft, Umsatzpotenzial)

Marktbeobachtung: fortlaufende Beobachtung des Marktes und seiner Veränderungen über einen bestimmten, meist längeren Zeitraum (z. B. Beobachtung des Kaufverhaltens einer bestimmten Gruppe von Personen über einen längeren Zeitraum)

Markterkundung: unsystematische Durchleuchtung des Marktes durch Sammeln von Informationen (z. B. aus Kundengesprächen, von Reisenden- und Vertreterberichten, von Messebesuchen, aus Prospektmaterial sowie Artikeln in Fachzeitschriften und im Wirtschaftsteil der Zeitungen u. Ä.)

b) → Primärforschung: systematische Erfassung und Analyse von – speziell für den gewünschten Zweck – neu erhobenen Daten (Field Research)

→ Sekundärforschung: systematische Erfassung und Analyse von bereits vorhandenen Daten (Desk Research)

Vorteile der Primärforschung gegenüber der Sekundärforschung sind z. B.

→ die Datenerhebung ist auf die betriebseigenen Bedürfnisse zugeschnitten

→ man ist nicht auf Fremdmaterial angewiesen (Fehlerquelle!)

→ die neu erhobenen Daten sind aktueller

c) Daten sind nur dann repräsentativ, wenn die untersuchte Stichprobe hinsichtlich der wichtigen Merkmale ein Abbild der Zielgruppe darstellt. Nur wenn die erhobenen Daten repräsentativ sind, ist die Marktforschung aussagekräftig.

Aufg. 264 a) 15.04. d. J.

b) Vorteile z. B.

- → größere Auswahl
- → bessere Qualifikation
- → neuer Mitarbeiter bringt neue Ideen ein
- → „Betriebsblindheit“ kann überwunden werden
- → keine freiwerdende Stelle durch Umsetzung eines Mitarbeiters

Nachteile z. B.

- → höhere Kosten
- → Einarbeitungszeit notwendig
- → höheres Risiko einer Fehlbesetzung
- → einzelne Mitarbeiter fühlen sich übergangen
- → führt ggf. allgemein zu Unzufriedenheit und sinkender Motivation bei eigenen Mitarbeitern wegen fehlender Karriereperspektiven

c) Eine Stellenanzeige dient als Instrument der externen Personalbeschaffung. Klassischerweise wird in einem Printmedium (z. B. lokale Tageszeitung), heute zumeist in einem Onlinemedium (z. B. Stellenbörse im Internet) eine Anzeige geschaltet, in der das Unternehmen und die Anforderungen an die Stelle beschrieben und potenzielle Kandidaten zur Bewerbung aufgefordert werden.

Eine Stellenbeschreibung dient der internen detaillierten Beschreibung der Stelle. Sie dient dem Stelleninhaber und seinen Vorgesetzten zur Orientierung und kann auch als Informationsgrundlage für eine interne oder externe Stellenausschreibung herangezogen werden.

d) z. B.

- → Lebenslauf
- → Arbeitszeugnisse
- → Berufsabschlusszeugnisse
- → Schulzeugnisse
- → Weiterbildungszertifikate
- → sonstige Zusatzqualifikationen

Aufg. 265	a) Steuerklasse II b) → Lohnsteuer an Finanzamt → Kirchensteuer an Finanzamt → Solidaritätszuschlag an Finanzamt → Rentenversicherung an gesetzliche Krankenversicherung → Arbeitslosenversicherung an gesetzliche Krankenversicherung → Kranken- und Pflegeversicherung an gesetzliche Krankenversicherung c) z. B. → Aus- und Fortbildungskosten → Fahrtkostenzuschuss → Kantinenzuschuss → Urlaubsgeld → Weihnachtsgeld d) Die ersten sechs Wochen lang ist die MCC GmbH zur Lohnfortzahlung im Krankheitsfall verpflichtet. Danach zahlt die Krankenversicherung von Frau Höhn Krankengeld (mind. 70 % vom Bruttoeinkommen). e) z. B. → Arbeitsplatzgestaltung → Aufstiegsmöglichkeiten → Prämienzahlungen → Gewinnbeteiligung → betriebliche Altersvorsorge
Aufg. 266	a) Als Mitarbeiterfluktuation bezeichnet man den Anteil der freiwilligen dauerhaften Abgänge von Mitarbeitern an der durchschnittlichen Gesamtanzahl der Beschäftigten einer Periode. b) z. B. → Kündigung von Mitarbeitern aufgrund von Unzufriedenheit → Eintritt in den Ruhestand → Mutterschutz/Elternzeit → langwierige Erkrankungen/Frühverrentungen/Tod von Mitarbeitern

- → Nichtübernahme von Auszubildenden
- → Wechsel von höher qualifizierten Mitarbeitern in andere Abteilungen

c) Netto-Personalbedarf = Geplanter Personalbestand – aktueller Personalbestand + Summe der Abgänge – Summe der Zugänge

d) z. B.
- → interne Stellenausschreibung
- → Jobbörse (Internet)
- → Stellenanzeige in Tageszeitung/Internet
- → Agentur für Arbeit
- → Zeitarbeitsunternehmen

e) z. B.
- → Öffnungszeiten des Warenhauses
- → Kundenfrequenz/benötigtes Personal im Laufe des Arbeitstages
- → tarifliche Regelungen (z. B. Wochenarbeitszeit)
- → Arbeitnehmerschutzgesetze (z. B. Jugendarbeitsschutzgesetz)
- → Urlaubsplanung
- → Qualifikationen der einzuplanenden Mitarbeiter

Aufg. 267

a) z. B.
- → Fachkompetenz
- → Qualität der Erledigung von Aufgaben
- → Arbeitstempo
- → fristgerechte Erledigung von Arbeitsaufträgen
- → Einhaltung von Qualitätsstandards
- → Teamfähigkeit
- → Umsatzzahlen
- → Reklamationsquote

b) z. B.
- → Beurteilungsergebnisse können als Grundlage für die Personaleinsatzplanung dienen.
- → Potenziale der Mitarbeiter werden frühzeitig und vollständig erfasst und können so besser ausgeschöpft werden.

→ Personalentwicklungsmaßnahmen und Fortbildungsaktivitäten können gezielter durchgeführt werden.
→ Beurteilungsergebnisse ermöglichen eine leistungsbezogene Vergütung.
→ Mitarbeiter bekommen Feedback für ihre Arbeit und wissen, wie sie von Vorgesetzten gesehen werden.
→ Mitarbeitermotivation kann durch Leistungsanreize gefördert werden.

c) z. B.
→ sich ausreichend Zeit nehmen
→ keine Störungen/Unterbrechungen von außen zulassen
→ Mitarbeiter ausreden lassen
→ wertschätzend mit Mitarbeitern umgehen
→ konkretes Gesprächsergebnis anstreben
→ gemeinsam festgelegte Ziele schriftlich fixieren

Aufg. 268 a) 3,45

$$\frac{\text{Summe der 12 durchschn. Monatskrankenstände}}{12}$$

$$= \frac{41{,}4}{12} = 3{,}45$$

b) Der Krankenstand war im Januar auf recht hohem Niveau (5,8 %) und sank dann kontinuierlich bis zum August (1,6 %). Ab August war dann wieder ein kontinuierlicher Anstieg zu verzeichnen. Mögliche Ursache für den Anstieg in den Wintermonaten sind Erkältungskrankheiten. Auch die Urlaubszeit in den Sommermonaten kann eine Rolle spielen. Weiterhin ist zu untersuchen, wie die Arbeitsbelastung der MCC GmbH auf die einzelnen Monate des Jahres verteilt war, um mögliche Zusammenhänge mit dem Krankenstand identifizieren zu können.

c) z. B.
→ besondere körperliche Belastungen am Arbeitsplatz
→ besondere psychische Belastungen am Arbeitsplatz
→ schlechtes Betriebsklima
→ hohe Arbeitsverdichtung führt zur Überforderung der Mitarbeiter
→ schlechte Verteilung der Arbeitsbelastung

	→ organisatorische Mängel führen zu unnötiger Arbeitsbelastung → Mobbing → schwache Mitarbeitermotivation bis hin zur inneren Kündigung d) z. B. → Etablierung einer wertschätzenden Unternehmenskultur (um psychischen Erkrankungen vorzubeugen) → Anbieten von Fortbildungen, die der Gesundheitsvorsorge dienen (z. B. Entspannungstechniken) → Sicherstellung einer ausreichenden Personalversorgung, um die Überlastung einzelner Mitarbeiter zu vermeiden → vertrauensvolle Zusammenarbeit der Geschäftsleitung mit dem Betriebsrat → Einhaltung der Arbeitsschutzbestimmungen
Aufg. 269	Außenfinanzierung: Form der Finanzierung, bei der Kapital von außen in ein Unternehmen fließt (z. B. Aufnahme eines Darlehens, Ausgabe von Aktien). Innenfinanzierung: Form der Finanzierung, bei der die Kapitalmittel durch den betrieblichen Umsetzungsprozess erschlossen werden (z. B. Einbehalten von erwirtschaftetem Gewinn). Eigenfinanzierung: Die Finanzierung erfolgt mit Eigenkapital (z. B. Einbehaltung des Gewinns, Ausgabe von Aktien). Fremdfinanzierung: Die Finanzierung erfolgt mit Fremdkapital (z. B. Darlehen).
Aufg. 270	Kontokorrentkredit: → Kredit (Überziehung des Girokontos) kann bis zur vereinbarten Höhe beansprucht werden → in der Regel unbefristeter Kredit → schwankender Kreditbetrag → relativ hoher Soll-Zinssatz → jederzeit rückzahlbar

Aufg. 271	→ Fälligkeitsdarlehen: Tilgung Gesamtbetrag auf einmal bei → Fälligkeit → Kündigungsdarlehen: Tilgung Gesamtbetrag auf einmal nach Kündigung → Abzahlungsdarlehen (Ratendarlehen): Tilgung in Raten → Annuitätendarlehen: Tilgung in Annuitäten (Annuität = gleichbleibende Summe aus Zins und Tilgung, wobei Zinsanteil kontinuierlich sinkt und der Tilgungsanteil kontinuierlich steigt)	
Aufg. 272	Kreditkauf → Aufnahme eines Geldkredits → Zahlung von Kreditraten bis zum Ablauf der Kreditlaufzeit → Erlangung des Eigentums am (kreditfinanzierten) Vermögensgegenstand (Abschreibungsmöglichkeiten)	Leasing → Aufnahme eines Sachkredits → Zahlung von Leasingraten (quasi wie Mietzahlung), i. d. R. Rückgabe des Leasinggegenstands am Ende der Laufzeit → Leasinggeber bleibt während der Laufzeit Eigentümer des Vermögensgegenstands (Abschreibungsmöglichkeiten entfallen, aber Leasinggebühren können als Aufwand gebucht werden)

Teil E Grundlagen des Rechnungswesens – LÖSUNGEN

Aufg. 273	→ Dokumentation: z. B. Erfassung von Einnahmen und Ausgaben → Information: z. B. Herkunft und Höhe von Kosten → Rechenschaftslegung: z. B. gegenüber Banken als Kreditgebern → Kontrolle: z. B. der Kostenentwicklung in einzelnen → Unternehmensbereichen → Planung: z. B. Personaleinsatz, Schulungen der → Mitarbeitenden
Aufg. 274	→ Finanzbuchhaltung (Buchführung) → Kosten- und Leistungsrechnung (KLR) → Statistik → Planung
Aufg. 275	Internes Rechnungswesen: → enthält insbesondere die Kosten- und Leistungsrechnung → dient der Planung, Steuerung und Kontrolle von Einzelhandelsbetrieben → wird in der Regel nach innerbetrieblichen Erfordernissen ausgestaltet Externes Rechnungswesen: → enthält die Finanzbuchhaltung einschließlich der Bilanzierung sowie der Nebenbücher (z. B. Erfassung der Wareneingänge und Warenausgänge in der Lagerkartei) und die Statistiken → dient primär der Information von Außenstehenden wie Gläubigern, Fiskus, Banken, Kunden → wird nach einheitlichen handels- und steuerrechtlichen Vorschriften ausgestaltet
Aufg. 276	100,00 EUR $x = \frac{40{,}00\ \text{EUR} \cdot 50\ \text{m}}{20\ \text{m}} = 100{,}00\ \text{EUR}$

Aufg. 277	12 Stunden $x = \frac{18 \text{ Std.} \cdot 6 \text{ MA}}{9 \text{ MA}} = 12 \text{ Std.}$
Aufg. 278	15 Stunden $x = \frac{18 \text{ Std.} \cdot 6 \text{ MA} \cdot 12.500 \text{ Art.}}{9 \text{ MA} \cdot 10.000 \text{ Art.}} = 15 \text{ Std.}$
Aufg. 279	58,95 EUR $x = \frac{67{,}95 + 58{,}95 + 49{,}95}{3} = 58{,}95$
Aufg. 280	59,15 EUR $x = \frac{67{,}95 \cdot 70 + 58{,}95 \cdot 95 + 49{,}95 \cdot 65}{70 + 95 + 65} = 59{,}15$
Aufg. 281	ARNER OHG: 6 · 20.000,00 EUR = 120.000,00 EUR BOHR KG: 5 · 20.000,00 EUR = 100.000,00 EUR CRW GmbH: 2 · 20.000,00 EUR = 40.000,00 EUR $1 \text{ Teil} = \frac{260.000{,}00 \cdot 1}{13} = 20.000{,}00 \text{ EUR}$
Aufg. 282	Schneider KG Erfolgsquote: 90 % $x = \frac{100 \cdot 18}{20} = 90\ \%$ Meyer GmbH Erfolgsquote: 87,5 % $x = \frac{100 \cdot 14}{16} = 87{,}5\ \%$
Aufg. 283	9.000,00 EUR $x = \frac{45.000{,}00 \cdot 20}{100} = 9.000{,}00$
Aufg. 284	3.400,00 EUR $x = \frac{850{,}00 \cdot 100}{25} = 3.400{,}00$

Aufg. 285	450,00 EUR $x = \frac{468 \cdot 100}{104} = 450{,}00$
Aufg. 286	1.280,00 EUR $x = \frac{1.254{,}40 \cdot 100}{98} = 1.280{,}00$
Aufg. 287	198,00 EUR $x = \frac{180 \cdot 495{,}00}{120 + 150 + 180} = 198{,}00$
Aufg. 288	28,00 EUR $100{,}00 \cdot 0{,}8 = 80{,}00$ $80{,}00 \cdot 0{,}7 = 56{,}00$ $56{,}00 \cdot 0{,}5 = 28{,}00$
Aufg. 289	65,73 EUR $x = \frac{24{,}90 \cdot 2.639{,}95}{1.000} = 65{,}73$
Aufg. 290	8,97 EUR $x = \frac{15 \cdot 9{,}00 + 9 \cdot 8{,}20 + 7 \cdot 9{,}90}{15 + 9 + 7} = \frac{278{,}10}{31} = 8{,}97$
Aufg. 291	11,1 % $\frac{720.120}{16} = 45.007{,}50$ $\frac{700.000}{14} = 50.000$ $\frac{(50.000{,}00 - 45.007{,}50) \cdot 100}{45.007{,}50} = 11{,}1\ \%$
Aufg. 292	37 % $100\ \% - 10\ \% = 90\ \% \cdot 0{,}7 = 63\ \%$ $100\ \% - 63\ \% = 37\ \%$

Aufg. 293	540,00 EUR $\frac{1.800 \cdot 30}{20 + 25 + 30 + 25} = 540{,}00$
Aufg. 294	4,0 % $\frac{11{,}9\ \text{kg} \cdot 100}{295\ \text{kg}} = 4{,}0\ \%$
Aufg. 295	40 % 100 % – 25 % = 75 % 75 % · 0,8 = 60 % 100 % – 60 % = 40 %
Aufg. 296	384,16 EUR $\frac{350 \cdot 945{,}00}{400 + 350 + 200} = 384{,}16$
Aufg. 297	28,6 % $\frac{(540{,}00 - 420{,}00) \cdot 100}{420{,}00}$
Aufg. 298	31,50 EUR $\frac{700 \cdot 3{,}00}{400 \cdot 2{,}00 + 600 \cdot 2{,}50 + 700 \cdot 3{,}00} = \frac{2.100}{4.400} = 0{,}4773$ 66,00 · 0,4773 = 31,50
Aufg. 299	12,80 EUR 20,00 · 0,8 = 16,00; 16,00 · 0,8 = 12,80
Aufg. 300	18,5 % $\frac{321.296}{6} = 53.549{,}33$ $\frac{317.360}{5} = 63.472{,}00$ $\frac{(63.472{,}00 - 53.549{,}33) \cdot 100}{53.549{,}33} = 18{,}53\ \%$

Aufg. 301	28,00 EUR $\frac{26{,}46 \cdot 100}{100 - 5{,}5} = 28{,}00$
Aufg. 302	21,0 % $\frac{420.170}{11} = 38.197{,}27$ $\frac{415.900}{9} = 46.211{,}11$ $\frac{(46.211{,}11 - 38.197{,}27) \cdot 100}{38.197{,}27} = 20{,}98$
Aufg. 303	a) 1.824,56 EUR $1.861{,}80 \cdot 0{,}98 = 1.824{,}56$ b) 2,84 EUR $2{,}90 \cdot 0{,}98 = 2{,}84$
Aufg. 304	480,00 EUR LP 500,00 – Rabatt (10 %) 50,00 = Zieleinkaufspreis 450,00 – Skonto (2 %) 9,00 = Bareinkaufspreis 441,00 + Bezugskosten 39,00 = Bezugspreis 480,00
Aufg. 305	Angebot 4 (bei Angebot 5 ist die Ware nicht rechtzeitig da)

Aufg. 306 719,71 EUR

LP	500,00
– Rabatt (10 %)	50,00
= Zieleinkaufspreis	450,00
– Skonto (2 %)	9,00
= Bareinkaufspreis	441,00
+ Bezugskosten	39,00
= Bezugspreis	480,00
+ Handlungskosten $\left(16\frac{2}{3}\,\%\right)$	80,00
= Selbstkosten	560,00
+ Gewinn (8 %)	44,80
= NVP	604,80
+ USt (19 %)	114,91
= BVP	719,71

Aufg. 307 52,45 EUR (gerundet)

$$\frac{75{,}00 \cdot 100}{110} = 68{,}18 \text{ (gerundet)}$$

$$\frac{68{,}18 \cdot 100}{130} = 52{,}45 \text{ (gerundet)}$$

Aufg. 308 Ja, da der Gewinn 66,61 EUR beträgt.

Listenpreis	860,00 EUR	
– Liefererrabatt	–	
= Zieleinkaufspreis	860,00 EUR	100 %
– Liefererskonto (2 % vom ZEP)	17,20 EUR	– 2 %
= Bareinkaufspreis	842,80 EUR	98 %
+ Bezugskosten	5,80 EUR	
= Bezugspreis (Einstandspreis)	848,60 EUR	100 %
+ Handlungskosten (60 % v. BP)	509,16 EUR	60 %
= Selbstkostenpreis	1.357,76 EUR	160 %

	+ **Gewinn**	**66,61 EUR**	$x = \frac{66{,}61 \cdot 100}{1.357{,}76} =$ **4,9 %**
	= Nettoverkaufspreis	1.424,37 EUR	100 %
	+ Umsatzsteuer (19 % v. NVP)	270,63 EUR	19 %
	= Bruttoverkaufspreis	1.695,00 EUR	119 %
Aufg. 309	a) 9 Stück 4 – 3 + 9 – 1 = 9 b) 629,10 EUR 9 · 69,90 = 629,10 c) 118,83 EUR 69,90 · 1,7 = 118,83 d) 14,35 EUR $\frac{89{,}90 \cdot 100}{119} = 75{,}55$ 89,90 – 75,55 = 14,35 e) 80,16 % $\frac{(89{,}90 - 49{,}90) \cdot 100}{49{,}90} = 80{,}16\ \%$		
Aufg. 310	1		
Aufg. 311	9,75		
	LP	11,00	
	– Rabatt (10 %)	1,10	
	= Zieleinkaufspreis	9,90	
	– Skonto (2 %)	0,20 (gerundet)	
	= Bareinkaufspreis	9,70	
	+ Bezugskosten	0,05	
	= Bezugspreis	9,75	

Aufg. 312	a) 2 Bezugspreis pro Stück = 75,30 · 0,7 = 52,71 · 0,98 = 51,66 b) 3 Bezugspreis pro Stück = 68,00 · 0,8 = 54,40 · 0,97 = 52,77 c) 1 Bezugspreis pro Stück = 65,00 · 0,85 = 55,25 · 0,97 = 53,59 + 1,10 = 54,69
Aufg. 313	20,0 % 135,00 + 7,50 = 142,50 $\frac{179{,}55 \cdot 100}{105} = 171{,}00$ $\frac{(171{,}00 - 142{,}50) \cdot 100}{142{,}50} = 20{,}0$
Aufg. 314	a) 50,6 % $\frac{98.782 \cdot 100}{658.987 - 463.824} = 50{,}6\ \%$ b) 109.067,62 EUR $\frac{913.985 \cdot 100}{119} = 768.054{,}62$ 768.054,62 – 658.987,00 = 109.067,62
Aufg. 315	25 % Zielverkaufspreis: 800 · 0,875 = 700 Barverkaufspreis: 700 · 0,95 = 665 Selbstkosten: 665 – 45 = 620 $\frac{(620 - 496) \cdot 100}{496} = 25\ \%$
Aufg. 316	65 % $\frac{198{,}00 \cdot 100}{120{,}00} - 100 = 65\ \%$

Aufg. 317	2.937,69 Zieleinkaufspreis: 3.420 · 0,875 = 2.992,50 Bareinkaufspreis: 2.992,50 · 0,975 = 2.917,69 Bezugspreis: 2.917,69 + 20,00 = 2.937,69
Aufg. 318	1
Aufg. 319	25 % $\frac{(400 - 300) \cdot 100}{400} = 25$
Aufg. 320	25,6 % $\frac{179.200 \cdot 100}{700.000} = 25,6$
Aufg. 321	3
Aufg. 322	5
Aufg. 323	33,5 % $\frac{573.000 \cdot 100}{1.712.000} = 33,5\ \%$
Aufg. 324	46.443,00 EUR 25.755 – 77.294 + 97.982 = 46.443
Aufg. 325	a) 80.845,00 EUR 58.500 – 67.295 + 13.495 + 76.145 = 80.845 b) 133.306,18 EUR 23.450 + 43.996 + 44.576 = 112.022 · 1,19 = 133.306,18 c) 19.280,00 EUR (23.450 + 43.996 + 44.576) – (6.957 + 4.940 + 80.845) = 19.280
Aufg. 326	3
Aufg. 327	4
Aufg. 328	102.539,00 EUR Umsatzerlöse – Summe aller Aufwendungen
Aufg. 329	5
Aufg. 330	3

Aufg. 331	EK-Quote = 16,0 % (gerundet) $\frac{252.000 \cdot 100}{1.576.000} = 15{,}99$ FK-Quote = 84,0 % (gerundet) $\frac{(1.135.000 + 189.000) \cdot 100}{1.576.000} = 84{,}01$
Aufg. 332	3
Aufg. 333	–2.415,00 EUR Umsatzerlöse – Summe aller Aufwendungen
Aufg. 334	25.171,00 EUR 9.988 – 2.189 + 17.372 = 25.171
Aufg. 335	2.203,00 EUR (7.896 – 595) – (5.854 – 756) = 7.301 – 5.098 = 2.203
Aufg. 336	2
Aufg. 337	a) 72,63 EUR 87,58 – 14,95 = 72,63 b) 114,58 EUR 94,63 + 19,95 = 114,58
Aufg. 338	11,7 % $\frac{(5.123 - 4.587) \cdot 100}{4.587}$
Aufg. 339	39.357,67 EUR $\frac{39.451 + 43.297 + 25.835 + 19.354 + 49.285 + 58.924}{6}$ = 39.357,67
Aufg. 340	20,0 % $\frac{285.752{,}35}{11.453} = 24{,}95$ $\frac{451.136{,}85}{15.063} = 29{,}95$ $\frac{(29{,}95 - 24{,}95) \cdot 100}{24{,}95} = 20{,}04$

Aufg. 341	Controlling ist ein Instrument, das die Unternehmensleitung in ihren Entscheidungen unterstützt. Es dient der ergebnisorientierten Planung, Steuerung und Kontrolle des gesamten Unternehmens in all seinen Bereichen. Es ist ein → Informationsinstrument: Beschaffung und Aufbereitung von Informationen → Planungsinstrument: Formulierung und Vorgabe von messbaren Zielen → Kontrollinstrument: Überwachung, ob die vorgegebenen Planwerte eingehalten wurden; → Steuerungsinstrument: Analyse der Ursachen von Abweichungen und Vorschläge für mögliche Steuerungsmaßnahmen zur Zielerreichung. Ziel von Controlling ist es, eine vorausschauende Erfolgssteuerung des Unternehmens zu ermöglichen.
Aufg. 342	→ Kennzahlensysteme: Zusammenfassung von mehreren Kennzahlen aus einem bestimmten betrieblichen Bereich, z. B. Lagerkennzahlen → Budgetierung: Vorgabe von Planzahlen (Soll-Werte) für alle betrieblichen Teilbereiche in Form von Mengengrößen (z. B. geplante Verkaufszahlen für eine Warengruppe) und von Wertgrößen (z. B. Vorgabe der Personalaufwendungen für das Lager) → Soll-Ist-Vergleiche: Vergleich der Plandaten mit den tatsächlich erwirtschafteten Daten (Ist-Werten); Analyse der Abweichungsursachen → Berichtswesen: Sammlung, Auswertung und Präsentation von betrieblichen Informationen. Das Berichtswesen liefert den Entscheidungsträgern Daten für Planung, Kontrolle und Steuerung
Aufg. 343	→ Lagercontrolling → Beschaffungscontrolling → Absatzcontrolling → Personalcontrolling → Controlling im Finanz- und Rechnungswesen

Einzelhandelskontenrahmen (EKR)

Kontenklasse 0
Anlagevermögen Immaterielle Vermögensgegenstände und Sachanlagen

Immaterielle Vermögensgegenstände

02 Konzessionen, gewerbliche Schutzrechte, Lizenzen
- 0200 Konzessionen, gewerbliche Schutzrechte, Lizenzen

05 Grundstücke, grundstücksgleiche Rechte und Bauten einschließlich der Bauten auf fremden Grundstücken
- 0500 Unbebaute Grundstücke
- 0510 Bebaute Grundstücke
- 0530 Betriebsgebäude
- 0540 Verwaltungsgebäude
- 0550 Andere Bauten
- 0560 Grundstückseinrichtungen
- 0570 Gebäudeeinrichtungen
- 0590 Wohngebäude

08 Andere Anlagen, Betriebs- und Geschäftsausstattung
- 0800 Andere Anlagen
- 0810 Ladenausstattung
- 0820 Kassensysteme
- 0830 Lagerausstattung
- 0840 Fuhrpark
- 0860 Büromaschinen, Organisationsmittel und Kommunikationsanlage
- 0870 Betriebs- und Geschäftsausstattung
- 0880 Geringwertige Wirtschaftsgüter
- 0890 Sammelposten der Betriebs- und Geschäftsausstattung (Wirtschaftsgüter ab 150,00 EUR bis 1.000,00 EUR)

Kontenklasse 1
Anlagevermögen Finanzanlagen

Finanzanlagen

13 Beteiligungen
- 1300 Beteiligungen

15 Wertpapiere des Anlagevermögens
- 1500 Stammaktien
- 1590 Sonstige Wertpapiere

16 Sonstige Finanzanlagen
- 1600 Sonstige Finanzanlagen

Kontenklasse 2
Umlaufvermögen und aktive Rechnungsabgrenzung

Vorräte

20 Waren/Bestände
- 2000 Waren (Sammelkonto)
- 2010 Waren (Gruppe 1)
- 2020 Waren (Gruppe 2)

21 Betriebsstoffe/Bestände
- 2100 Betriebsstoffe

22 Sonstiges Material/Bestände
- 2200 Verpackungsmaterial
- 2210 Leergut

23 Geleistete Anzahlungen auf Vorräte
- 2300 Geleistete Anzahlungen auf Vorräte

Forderungen und sonstige Vermögensgegenstände

24 Forderungen aus LL.
- 2400 Forderungen aus Lieferungen und Leistungen
- 2450 Besitzwechsel
- 2470 Zweifelhafte Forderungen

26 Sonstige Vermögensgegenstände
- 2600 Vorsteuer (voller Steuersatz)
- 2610 Vorsteuer (ermäßigter Steuersatz)
- 2630 Sonstige Forderungen an Finanzbehörden
- 2640 SV-Beitragsvorauszahlung
- 2650 Forderungen an Mitarbeiter
- 2690 Sonstige Forderungen (Jahresabgrenzung)

27 Wertpapiere des Umlaufvermögens
- 2700 Wertpapiere des Umlaufvermögens

28 Flüssige Mittel
- 2800 Kreditinstitute (Bank)
- 2850 Postbank

2860 Schecks
2880 Kasse
2890 Nebenkassen

29 Aktive Rechnungsabgrenzung (ARA)
2900 Aktive Rechnungsabgrenzung
2910 Disagio

Kontenklasse 3
Eigenkapital und Rückstellungen

Eigenkapital

30 Eigenkapital
3000 Eigenkapital
3001 Privatkonto
3070 Kommanditkapital
Bei Kapitalgesellschaften
3000 Gezeichnetes Kapital (Grundkapital/Stammkapital)

31 Kapitalrücklage
3100 Kapitalrücklage

32 Gewinnrücklagen
3210 Gesetzliche Rücklagen
3240 Andere Gewinnrücklagen

33 Ergebnisverwendung
3310 Gewinn-/Verlustvortrag (aus dem Vorjahr)

34 Jahresüberschuss/Jahresfehlbetrag
3400 Jahresüberschuss/Jahresfehlbetrag (des lfd. Geschäftsjahres)

36 Wertberichtigungen
3670 Einzelwertberichtigung zu Forderungen
3680 Pauschalwertberichtigung zu Forderungen

Rückstellungen

37 Rückstellungen für Pensionen und ähnliche Verpflichtungen
3700 Rückstellungen für Pensionen und ähnliche Verpflichtungen

38 Steuerrückstellungen
3800 Steuerrückstellungen

39 Sonstige Rückstellungen
3910 - für Gewährleistungen
3920 - für Rechts- und Beratungskosten
3930 - für andere ungewisse Verbindlichkeiten
3990 - für andere Aufwendungen

Kontenklasse 4
Verbindlichkeiten und passive Rechnungsabgrenzung

Verbindlichkeiten

41 Anleihen

42 Verbindlichkeiten gegenüber Kreditinstituten
4200 Kurzfristige Bankverbindlichkeiten
4250 Langfristige Bankverbindlichkeiten

43 Erhaltene Anzahlungen auf Bestellungen
4300 Erhaltene Anzahlungen auf Bestellungen

44 Verbindlichkeiten aus Lieferungen und Leistungen
4400 Verbindlichkeiten aus Lieferungen und Leistungen

45 Wechselverbindlichkeiten
4550 Schuldwechsel

48 Sonstige Verbindlichkeiten
4800 Umsatzsteuer (voller Steuersatz)
4810 Umsatzsteuer (ermäßigter Steuersatz)
4830 Verbindlichkeiten gegenüber Finanzbehörden
4840 Verbindlichkeiten gegenüber Sozialversicherungsträgern
4850 Verbindlichkeiten gegenüber Mitarbeitern
4860 Verbindlichkeiten aus vermögenswirksamen Leistungen
4870 Verbindlichkeiten gegenüber Gesellschaftern
4880 Sonstige Steuerverbindlichkeiten
4890 Sonstige Verbindlichkeiten (Jahresabgrenzung)

49 Passive Rechnungsabgrenzung (PRA)
4900 Passive Rechnungsabgrenzung

Kontenklasse 5
Umsatzerlöse und sonstige Erträge

50 Umsatzerlöse
- 5000 Umsatzerlöse für Waren (Sammelkonto)
  - 5001 Erlösberichtigungen

51 Sonstige Umsatzerlöse
- 5100 Sonstige Umsatzerlöse (aus Dienstleistungen)
  - 5101 Erlösberichtigungen

54 Sonstige betriebliche Erträge
- 5400 Nebenerlöse aus Vermietung und Verpachtung (Mieterträge)
- 5410 Sonstige Erlöse
- 5420 Entnahme (Eigenverbrauch)
- 5430 Andere sonstige betriebliche Erträge
- 5460 Erträge aus dem Abgang von Vermögensgegenständen (Nettoerlös: Erlös – Buchwert)
- 5480 Erträge aus der Auflösung von Rückstellungen
- 5490 Periodenfremde Erträge

55 Erträge aus Beteiligungen
- 5500 Erträge aus Beteiligungen

56 Erträge aus Wertpapieren
- 5600 Erträge aus Wertpapieren

57 Sonstige Zinsen und ähnliche Erträge
- 5710 Zinserträge
- 5730 Diskonterträge
- 5780 Erträge aus Wertpapieren des Umlaufvermögens
- 5790 Sonstige zinsähnliche Erträge

58 Außerordentliche Erträge
- 5800 Außerordentliche Erträge

Kontenklasse 6
Betriebliche Aufwendungen

Materialaufwand

60 Aufwendungen für Waren
- 6000 Aufwendungen für Waren (Sammelkonto)
  - 6001 Bezugskosten
  - 6002 Nachlässe

61 Aufwendungen für Material und bezogene Leistungen
- 6100 Fremdleistungen für Erzeugnisse und andere Umsatzleistungen
- 6140 Ausgangsfrachten und Nebenkosten (Fremdlager)
- 6100 Aufwendungen für Betriebsstoffe
- 6101 Aufwendungen für Verpackungsmaterial
- 6102 Aufwendungen für Leergut
- 6103 Aufwendungen für Energie
- 6104 Aufwendungen für Reparaturmaterial
- 6105 Aufwendungen für Reinigungsmaterial
- 6106 Aufwendungen für sonstiges Material
- 6110 Frachten und Fremdlager
- 6111 Vertriebsprovision
- 6112 Fremdinstandhaltung
- 6113 Abfallentsorgung
- 6114 Reinigung

Personalaufwand

62 Löhne
- 6200 Löhne
- 6210 Sonstige Lohnaufwendungen

63 Gehälter
- 6300 Gehälter
- 6310 Sonstige Gehaltsaufwendungen

64 Soziale Abgaben und Aufwendungen für Altersversorgung und für Unterstützung
- 6400 Arbeitgeberanteil zur Sozialversicherung
- 6420 Beiträge zur Berufsgenossenschaft
- 6440 Aufwendungen für Altersversorgung

Abschreibungen auf Anlagevermögen

65 Abschreibungen
- 6510 Abschreibung auf immaterielle Vermögensgegenstände des Anlagevermögens
- 6520 Abschreibungen auf Sachanlagen
- 6530 Abschreibungen auf geringwertige Wirtschaftsgüter
- 6540 Abschreibungen auf Sammelposten (Wirtschaftsgüter ab 250,00 EUR bis 1.000,00 EUR)

6550 Außerplanmäßige Abschreibungen auf Sachanlagen

Sonstige betriebliche Aufwendungen

66 Sonstige Personalaufwendungen
6600 Sonstige Personalaufwendungen

67 Aufwendungen für die Inanspruchnahme von Rechten und Diensten
6700 Mieten, Pachten
6710 Leasing
6720 Lizenzen und Konzessionen
6730 Gebühren
6750 Kosten des Geldverkehrs
6760 Provisionsaufwendungen (außer Vertriebsprovision)
6770 Rechts- und Beratungskosten

68 Aufwendungen für Kommunikation (Dokumentation, Information u. Reisen)
6800 Büromaterial
6810 Zeitungen und Fachliteratur
6820 Postgebühren, Telefon
6850 Reisekosten
6860 Bewirtung und Präsentation
6870 Werbung
6880 Spenden
6890 Sonstige Aufwendungen für Kommunikation

69 Aufwendungen für Beiträge und Sonstiges sowie Wertkorrekturen und periodenfremde Aufwendungen
6900 Versicherungsbeiträge
6920 Beiträge zu Wirtschaftsverbänden und Berufsvertretungen
6930 Verluste aus Schadensfällen
6950 Abschreibungen auf Forderungen
  6951 Abschreibungen auf Forderungen
  6952 Einstellung in Einzelwertberichtigung
  6953 Einstellung in Pauschalwertberichtigung
6960 Verluste aus dem Abgang von Vermögensgegenständen
6990 Periodenfremde Aufwendungen

Kontenklasse 7
Weitere Aufwendungen

70 Betriebliche Steuern
7020 Grundsteuer
7030 Kraftfahrzeugsteuer
7070 Ausfuhrzölle
7080 Verbrauchsteuer
7090 Sonstige betriebliche Steuern

74 Abschreibungen auf Finanzanlagen und auf Wertpapiere des Umlaufvermögens
7420 Abschreibungen auf Wertpapiere des Umlaufvermögens

75 Zinsen und ähnliche Aufwendungen
7510 Zinsaufwendungen
7530 Diskontaufwendungen
7590 Sonstige zinsähnliche Aufwendungen

76 Außerordentliche Aufwendungen
7600 Außerordentliche Aufwendungen

77 Steuern vom Einkommen und Ertrag
7700 Gewerbesteuer
7710 Körperschaftsteuer (bei Kapitalgesellschaften)
7720 Kapitalertragsteuer

Kontenklasse 8
Ergebnisrechnungen

80 Eröffnung/Abschluss
8000 Eröffnungsbilanzkonto (EBK)
8010 Schlussbilanzkonto (SBK)
8020 Gewinn- und Verlustkonto (GuV)

Kontenklasse 9
Kosten- und Leistungsrechnung

In der Praxis wird die Kosten- und Leistungsrechnung gewöhnlich tabellarisch durchgeführt.

Bildquellenverzeichnis

BC GmbH Verlags- und Medien-, Forschungs- und Beratungsgesellschaft, Ingelheim: 61.2, 69.2.
Beiersdorf AG, Hamburg: 69.3.
Bundesministerium für Ernährung und Landwirtschaft (BMEL), Berlin: 69.4.
fotolia.com, New York: pico 61.3.
Hohensteiner Laboratories GmbH & Co KG, Boennigheim: 69.5.
RAL gGmbH, Bonn: 61.1.
stock.adobe.com, Dublin: harbucks Titel, Titel; Lia Aramburu 61.5; made_by_nana 61.4, 69.1; PackShot 86.1, 86.1, 87.1, 90.1, 90.2.

Wir arbeiten sehr sorgfältig daran, für alle verwendeten Abbildungen die Rechteinhaberinnen und Rechteinhaber zu ermitteln. Sollte uns dies im Einzelfall nicht vollständig gelungen sein, werden berechtigte Ansprüche selbstverständlich im Rahmen der üblichen Vereinbarungen abgegolten.

Sachwortverzeichnis